■ "厦门口述历史丛书"编辑委员会

学术顾问：李启宇　何丙仲　彭一万　龚　洁　洪卜仁

主　　任：蒋先立　唐　宁

副 主 任：陈旭辉

委　　员：戴力芳　张　晖　李　珊　林晓玲　潘　峰
　　　　　　肖来付　林　璐　林　彦　杨　艳　白　桦
　　　　　　陈亚元　龚书鑫　孙　庆　郑轰轰　叶亚莹
　　　　　　戴美玲

主　　编：陈仲义

副 主 编：章长城

厦门口述历史丛书 15 厦门城市职业学院云顶出版计划

主　编　陈仲义

■ 陈亚元　口述
■ 叶玉环　整理

披沙沥金

—— 我的厦门『私藏』

厦门大学出版社
国家一级出版社
全国百佳图书出版单位

图书在版编目（CIP）数据

披沙沥金：我的厦门"私藏"/陈亚元口述；叶玉环整理. -- 厦门：厦门大学出版社，2024.6
（厦门口述历史丛书/陈仲义主编）
ISBN 978-7-5615-8917-5

Ⅰ.①披… Ⅱ.①陈… ②叶… Ⅲ.①陈亚元-自传 Ⅳ.①K825.7

中国国家版本馆CIP数据核字(2022)第254304号

责任编辑　韩轲轲
美术编辑　张雨秋
技术编辑　朱　楷

出版发行　厦门大学出版社
社　　址　厦门市软件园二期望海路39号
邮政编码　361008
总　　机　0592-2181111　0592-2181406(传真)
营销中心　0592-2184458　0592-2181365
网　　址　http://www.xmupress.com
邮　　箱　xmup@xmupress.com
印　　刷　厦门集大印刷有限公司

开本　889 mm×1 194 mm　1/32
印张　9.125
插页　5
字数　220千字
版次　2024年6月第1版
印次　2024年6月第1次印刷
定价　68.00元

本书如有印装质量问题请直接寄承印厂调换

厦门大学出版社
微信二维码

厦门大学出版社
微博二维码

"厦门号"帆船系列藏品

向福建革命军事博物馆捐赠地契、立功喜报等（2021年）

与泉州侨批专家黄清海（左一）、漳州文史专家林南中（右一）研究厦门侨批

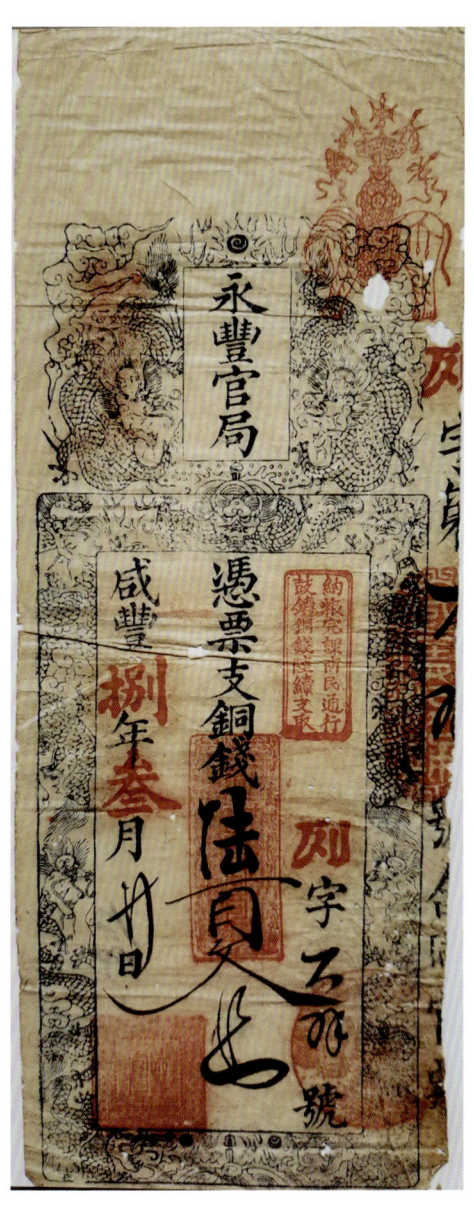

清咸丰八年(1858年)永丰官局陆百文票

1880年代鼓浪屿全景三联蛋白照片

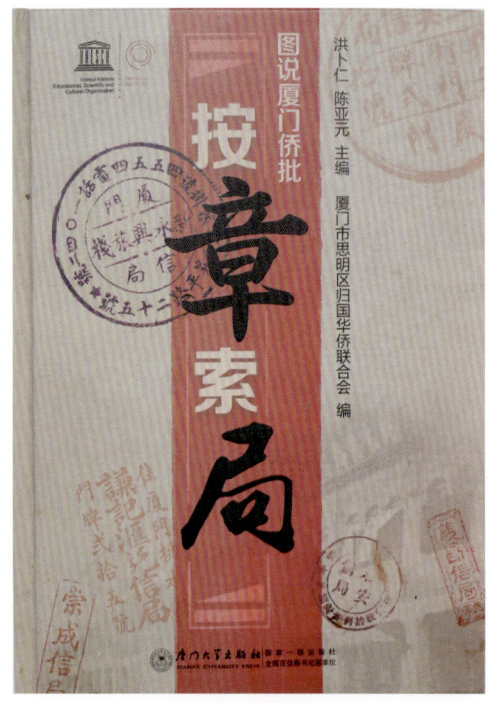

与洪卜仁一起主编《按章索局：图说厦门侨批》

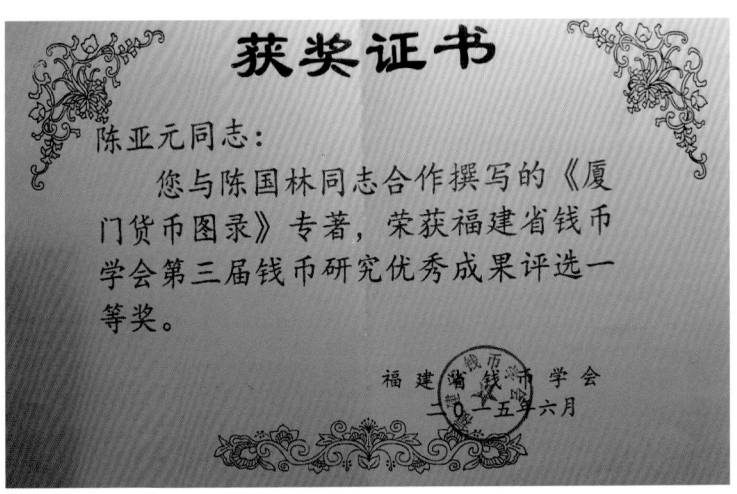

《厦门货币图录》获福建省钱币学会第三届钱币研究优秀成果一等奖

2022年向美国哥伦比亚大学东亚图书馆捐赠《闽台粮户执照汇编》全套9册证书

总序一

因城而生 跨界融合

唐 宁

历史如浩瀚烟海，古今兴替，尽挹其间。鹭岛厦门在千年史籍里沧桑起伏，远古时为白鹭栖所，先秦时属百越之地，而后区划辗转由同安县至南安县至泉州府，又至嘉禾里、中左所、思明州，道光年间正式开埠，光绪年间鼓浪屿成"万国租界"。1949年9月，厦门始为福建省辖市，逢今正与新中国同庆七十华诞。

七十年风云巨变，四十载改革开放，厦门始终走在发展的前列。厦门的经济建设者和文化传承者在这片热土上播洒了无数血汗，书写了特区建设可歌可泣的恢宏篇章，他们的事迹镌刻在厦门历史的丰碑之上。在有册可循的文字记载之外，尚有不少重要的人与事如沧海遗珠，未及缀补。

借此，厦门城市职业学院秉持"因城而生，为市则活"的办学信念，不仅通过专业建设主动对接厦门现代产业体系的需求，为厦门经济建设输送大量高素质技术技能人才，同时也通过多样性文化研究平台的建设，主动担当传承厦门优秀文化的使命。其中，由本校陈仲义教授领衔，汇聚校内英才、兼纳厦门名士，成立的"厦门口述历史研究中心",多年来致力于借助口述历史的形式,采集、整理那些即将消失的厦门城市记忆和历史"声音",成就了一批如"厦门口述历史丛书"这样的重要成果。

卡尔·雅斯贝斯(Karl Jaspers)说:"对人们而言历史是回忆,因为人们曾从那里生活过来,对那些历史的回忆便构成了人们自身的基本成分","人生而有涯,只能通过时代的变迁才能领悟到永恒,因此只有研究历史才是达到永恒的唯一途径"。从这个意义上看,口述历史正是文字历史的多元融合形式,二者融合可以实现对文字历史的"补缺、参错、续无"之功。

厦门城市职业学院跨界组建口述历史研究团队,在对厦门城市历史的修撰补充中,通过跨界与融合,使厦门经济建设与文化传承的脉络更加清晰,使人们对过去时代的领悟更加深刻,从而使未来的发展更加稳健。陈寅恪先生说:"在历史中求史识。"而历史的叙写过程何尝不亦为史识的求证过程?历史告诉我们,发展才是硬道理;历史的叙写过程告诉我们,跨界、融合,才是通向卓越发展的道路。这正契合了厦门城市职业学院的办学理念:育人为本,跨界融合,服务需求,追求卓越!

陈仲义同志是与厦门城市职业学院一起成长的专家、教授,长期以来笔耕不辍,著作等身,受人景仰,在中国诗歌评论领域建树丰硕。祝愿他带领的新的团队,为厦门地方文化建设,踔厉奋发,再续前页。

2019 年 8 月

总序二

盾构在隧道里缓缓推进

陈仲义

2015年暑期,我奉命筹建口述历史研究中心。该中心定位于承传厦门本土文化遗产,"口述"珍贵的人文历史记忆,涉及厦门名门望族、特区建设人才、侨界精英、闽南非物质文化遗产,以及原住民、老知青、老街区等题材的采集、整理、研究工作。

我原以为组织一干人马,并非什么难事:物色人选,各就各位;遴选题材、规范体例、包干到户,如此等等,便可点火升帆。然而,一进轨道,方知险情叵测。这些年来,"双建"(建设国家级示范性院校、省级文明院校)目标之重如大山压顶,团队成员几近分身无术、疲于奔命。先后有三位骨干因教学、家庭问题退出,项目一时风雨飘摇。面对变故,我们也只好以微笑、宽容、"理解之同情",调整策略,放缓速度,增补兵源。

开工之后,"事故"依然不断:明明笃定选中的题材,因事主"反悔",说服无效而眼睁睁地看着泡汤;顺风顺水进行一半,因家族隐私、成员分歧,差点夭折;时不时碰上绕不过去的"空白"节点,非填补不可,但采撷多日,颗粒无收,只好眼巴巴地任其在那儿搁浅,

"坐以待毙"；碰上重复而重要的素材不想放弃，只能在角度、语料、照片上做大幅度调整、删减，枉费不少工夫；原本以为是个"富矿"，开采下去，却愈见贫瘠，最后不得不在尴尬中选择终止……诸如此类的困扰大大拖了后腿。好在团队成员初心不变，辑志协力，按既定目标，深一脚浅一脚缓缓而行。

团队从原来7人发展到10多人。校内10人来自中文、社会、旅游、轨道交通、图书馆、办公室等6个专业与部门。除本人外，皆清一色"70后""80后"，正值"当打之年"。校外7人，分属7个单位，基本上属古稀花甲。如此"忘年交"配对，没有出现"代沟"，反倒成了本团队的一个特色。

团队阵容尚属"可观"：正高2位、副高8位、讲师2位，其中硕士4位、博士3位。梯队结构合理，科研氛围融洽。特别是校外成员，面对经费有限，仍不计报酬，甘于奉献。

在学院领导的关怀和大力支持下，丛书终于初见规模。作为中心责任人，我在选题挖掘、人员组织、关系协调、难题处理方面，虽倾心尽力，但才疏智浅，不尽如人意。如果丛书能够产生一点影响，那是团队成员群策群力的结果；如果出现明显的纰漏不足，实在是个人短板所致！

阅读丛书，恍若穿梭于担水街、九姑娘巷、八卦坪，在烟熏火燎的骑楼，喝一碗"古早茶"，再带上两个韭菜盒回家；从阁楼的樟木箱翻晒褪色的对襟马褂，猛然间抖出残缺一角的"侨批"，勾连起南洋群岛的蕉风椰雨；提线木偶、漆线雕，连同深巷里飘出来的南音，乃至一句"天乌乌，袂落雨"的童谣，亦能从根子上触摸揉皱的心扉，抚平生活的艰辛；那些絮絮叨叨、缺牙漏嘴的个人"活捞事"，如同夜航中的小舢板，歪歪斜斜沿九龙江划到入海口。我们捡拾陈皮芝麻，将碎片化的拼缀、缝补，还原为某些令人嘘唏的真相，感受人性的光辉与弱点；也在接踵而来的跨海大桥、海底隧道、空中走廊的立体推进中,深切认识历史拐点、岁月沧桑、人心剧变如何在时代的潮涌中锻造个人的脊梁。

历史叙述,特别是宏大的历史叙述,随着主要亲历者、见证者离去,"隔代遗传"所带来的"衰减"日渐明显。而今当下,历史开始从主流、中心、精英叙事转向边际、凡俗。新地带的开垦,将迎来千千万万普通民众汇入的"小叙事"。日常、细节、互动,所集结的丰富性将填补主流人类学、历史学、社会学、地方志的"库藏",因应出现"人人来做口述史"(唐纳德·里奇)的提倡,绝非空穴来风,而具深远意义。

口述形式,有别于严丝合缝的文献史料,也有别于步步推进的考辨理据;亲切、在场、口语化、可读性,可能更易迎合受众的"普及",这也是它得以存在且方兴未艾的原因。怎样进一步维护其属性、增添其特性光彩呢?口述历史不到百年寿龄,其理论与实践存在诸多争论与分歧。作为基层团队,多数成员也非训练有素的史学出身,但凭着热情、毅力,凭着对原乡本土一份挚爱,"摸着石头过河",应该可以很快上岸。

表面上看,口述历史难度系数不大,大抵是一头讲述,一头记录。殊不知平静的湖面下藏有深渊。它其实是记忆与遗忘、精准与模糊、本然与"矫饰"、真相与"虚构"、本能与防御、认同与质疑,在"史实"与"变形"间的悄然较量,其间夹杂多少明察与暗访、反思与矫正,不入其里,焉知冷暖?

"口述性"改变了纯文献资料的唯一途径,但没有改变的依然是真实——口述史的生命。初出茅庐,许多规范尚在摸索阶段,但总体而言,第一步基本上应做到"如实照录",亦即《汉书》所褒赞司马迁的"其文直,其事核,不虚美,不隐恶"的实录精神,而要彻底做到这一点很不容易。不仅要做到,接下来还要互证(比较、分析),规避口述者易犯的啰唆重复、拖泥带水、到哪算哪的游击作风;而整理者的深入甄别、注释说明、旁证辅助、文献化解、在场还原、方言转换，尤其是带领学生社会实践的参与度，仍有很大的提升空间。

厦门历史文化，比起华夏九州、中原大地，确乎存在不够悠久丰厚之嫌，但与之相伴的闽南文化、华侨文化、嘉庚精神，连同入选国家级非遗名录的歌仔戏、高甲戏、南音、答嘴鼓、讲古等，各有厚植，不容小觑。中心刚刚起步，经验不足，稚嫩脆弱，许多资源有待开发，许多题材有待拓展，许多人脉有待联络，许多精英有待挖掘。如果再不努力"抢救"，就有愧于时代与后人了。

其实，厦门出版的地方历史文化书籍还是蛮多的，大到盛世书院，小至民居红砖，成套的、散装的，触目可取。但面对拥挤而易重复的题材，何以在现有基础上，深入腹地，称量而出？面对长年养成的惯性思路，何以在口述语体的风味里，力戒浅率而具沉淀之重？

编委会明白自身的长短，与其全面铺开战线，毋宁做重点突进，遂逐渐把力量集中在四个面向：百年鼓浪屿、半世纪特区、国家级"非遗"名录、"老三届"群体。希望在这些方面多加钻探，有所斩获。

无须钦慕鸿门高院，关键是找好自身的属地。开发历史小叙事、强化感性细部、力戒一般化访谈、提升简单化语料，咀嚼罄欸间的每一笔每一画。罗盘一经锁定，就义无反顾走到底，积跬步而不惮千里之远，滴水穿石，木锯绳断，一切贵在坚持。愿与各位同道一起，继续铢积寸累，困知勉行。

最近刚刚入住东渡狐尾山下，正值二号地铁线施工。40米深的海底隧道，隐隐传来盾构声，盾构以平均每小时一米的速度推进着，与地面轰鸣的搅拌机相唱和。俯瞰窗外白炽的工地和半掩的入口处，我常常想：什么时候，它还会碰上礁岩、滑沙、塌陷和倏然涌冒出来的地下水？失眠的夜晚，心里总是默数着：一米、一米、再一米……

2019年4月

目 录

引　言　　　　　　　　　　　　　　　　/ 1

上篇　收藏故事

一　迷惘年代　　　　　　　　　　　　　/ 7
二　峰回路转　　　　　　　　　　　　　/ 34
三　伉俪情深　　　　　　　　　　　　　/ 58
四　分享快乐　　　　　　　　　　　　　/ 71
五　收藏故事　　　　　　　　　　　　　/ 76

中篇　藏品共享

一　古钱币收藏:幸运之符　　　　　　　/ 109
二　蛋白照片:独特之美　　　　　　　　/ 116
三　其他老照片:风物之韵　　　　　　　/ 141
四　铜版画、木刻版画:中西之融　　　　/ 178
五　粮户执照:农耕之忆　　　　　　　　/ 185
六　老票据:密码之谜　　　　　　　　　/ 189
七　侨批:思乡之歌　　　　　　　　　　/ 199
八　老报纸:往事之多　　　　　　　　　/ 205
九　老地契:兴衰之迹　　　　　　　　　/ 215
十　老物品:时代之印　　　　　　　　　/ 219
十一　其他老物件:历史之花　　　　　　/ 233

下篇　收藏心得

一	先练内功	/ 247
二	贪多嚼不烂	/ 249
三	收藏为了啥	/ 250
四	广源善交	/ 253
五	要特别讲诚信	/ 264
六	错过的就不是自己的	/ 265
七	知足常乐	/ 267
八	持之以恒	/ 268
九	收藏与出版	/ 269

附　录	收藏要事	/ 271
后　记	口述历史中的"故事性"	/ 277

引言

人生就是一口井,只要肯深挖,就一定能出水。

看到美国哥伦比亚大学东亚图书馆发来的捐赠证书,看到印着我名字的图书被海外图书馆永久收藏,我不禁百感交集,眼眶发热。像这种写着"陈亚元著"的收藏类图书,我已经有7本了。

这些书和藏品都是我的孩子,是我的梦想与希望。是我一点一滴地"孕育"它们,从千千万万的旧纸堆和积满灰尘的旧物中,从天南海北的旮旯角落里,找出它们、发现它们、收藏它们。经过数十年的省吃俭用、风雨兼程,经过无数个日日夜夜的挖掘、打磨,终于展现出它们今天光鲜亮丽的样子,向世人展示了先人的聪明才智,记录了曾经的风云变幻……

在40岁时,我写下3个人生愿望:一是藏品丰富,二是举办个人钱币展,三是出一本有关厦门货币的书。

这3个愿望,如今已全部实现,并且是超额完成。

想想我仅有"文革"后的高中文凭,现在我的名字却能与洪卜仁等厦门知名文史专家并列在一起,我心里非常自豪。

现在,有不少人想方设法探根究底——陈亚元是怎样能从一个一穷二白的穷小子,一步一步地迈入富贵人家"玩"的收藏殿堂,而且还玩得风生水起,在收藏界小有名气,能够拥有各种不同系列的藏品,能从一个收藏者晋升为远近闻名的"收藏家",完成收藏、布展、出书等常人难以完成的环节?

秘诀到底是什么?是走狗屎运?是天上掉馅饼?还是……?

其实，这说来话长。

只能说，人生处处是选择。

谁也不是神仙，能够预知未来。平凡如我，能做的就是立下宏愿、下足苦功，老老实实地用时间、汗水、智慧一点点地垒起"收藏大厦"。

如果说，我早年的那些选择中，含有不得不低头的苦涩味道，那我后来的选择，则是一种水到渠成的云淡风轻。

如果，一定要说我的故事，那就是一辈子跟"泉"打交道的故事、拼命赚钱的故事。从屋无片瓦、黄连般的穷苦生活到如今三餐无忧、看中就买的理想生活；从两手空空、一穷二白到实现收藏、展览、出书三大梦想，这一切都和"泉"以及我的命运息息相关。①

为赚钱，我可谓拼尽全力；为赚钱，我也是想方设法、几经波折。我曾一度被厦门日报社记者江曙曜（后来任厦门市委宣传部副部长，厦门日报社党委书记、社长）称为"厦门最有'钱'的人"。当然，这是调侃，主要是指我收藏的各类钱币比较多而已。

以我数十年的收藏经验，我得出的结论是：只要合理合法、充分运用聪明和才智，付出汗水和时间，总会赚到钱的。问题是，在没赚到钱

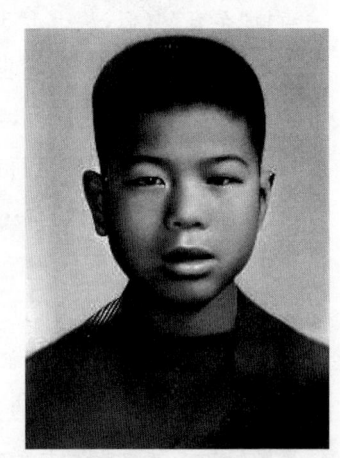

从小我就是那个憨憨的小孩，沉默而执着

---

① 泉：古代钱币的名称。钱币取名"泉"字的意义在于象征金钱可以似泉水般流通四方。收藏钱币的朋友被称为"泉友"。

之前，一定要先积攒本领，下苦功、下勤功，拿得出你的"斤两"①。

如果做足了充分的准备，积攒了足够的力量，那么结果一定是可想而知的。时间这条长河，一定会给不改初心、愿意花长时间认真专攻的人一个过得去的交代。

只要功夫下得深，好运总会在某个地方等你。

咬紧牙、弯下腰、沉下身……水滴成海。低谷时的默默积蓄，往往能积攒出高峰时的磅礴力量。

我想，或许我就是其中的一个典型了。

这也许应合了一句厦门老话——"天公疼憨仔"。②

---

① 斤两：闽南语，意为本领。
② 憨仔：闽南语，意为老实忠厚的孩子。

上篇 收藏故事

上篇 必遊規律

迷惘年代

1.连根拔起

如果说命运是一条波澜壮阔的大河,那么,每个人就如同河面上的叶片,在大河里渺若尘埃,沉浮更是无人问津。

我的岁月,那些本已覆盖着灰尘的日子,随着口述历史的深入,随着回忆的一层层推进,就一段段、一章章地被复原再现了。它们依然鲜活,因为一直藏在记忆深处。

现在,人人称赞我是厦门收藏界中最有故事的人——手握十几个系列特色收藏,可以清晰地再现厦门旧貌、厦门风情、厦门典故、厦门历史,是最可靠、最有说服力的历史见证者。

可其实说起收藏,还不得不说,一切都是机缘巧合,谁也不知道命运会在哪里拐个弯。

而我的故事,得从永定湖雷公社说起。

14 岁以前,我是一个地地道道的厦门囝[①]。

1955 年 8 月 13 日,我出生于鼓浪屿福州路 123 号——这是一幢很普通的公房。鼓浪屿一直名声在外,现在更是美名远扬。

---

① 囝:闽南语,意为小男孩。

小小少年，从海边被连根拔起，世间的命运，谁能说得清

2017年7月，鼓浪屿被列入世界文化遗产名录，成了世界人民的珍宝。鼓浪屿以"万国建筑博览""钢琴之岛"闻名于世，其中郑成功像、菽庄花园等更久负盛名。岛上名人荟萃，林巧稚、林语堂、林尔嘉、黄奕住、马约翰、殷承宗、舒婷……都是响当当的人物。

福州路123号，我在此度过童年和少年

在素有"万国博物馆"之称的鼓浪屿上,福州路123号默默无闻、寂寂无名。在这幢不起眼的楼房里,我度过了不太愉快的童年和少年时光。

我的家庭其实很简单。父亲陈友才,1930年2月出生,龙岩人。1947年5月从龙岩小池搬到鼓浪屿生活,1948年5月到救世医院①做化验员,算是有技术但又不属于白领,属于医工、技术员之类的工作。母亲刘冬花,1932年生,是典型的家庭妇女。家中,只有我和妹妹两个小孩(有一个弟弟在"大鸣大放"后因无人看顾而早夭)。

父亲陈友才(一排右二)在鼓浪屿救世医院

家里一开始也是过着有收入、有笑声的简单和乐的日子。母亲爱干净,每天东抹抹西擦擦,把家里打理得非常整洁。父亲天天开开心心地去上班。

---

① 救世医院成立于1898年4月,是厦门第一所正规西医院,郁约翰任院长。

家门口,是天风海涛,是椰风海韵,是鼓浪琴声,是火红凤凰花,是干干净净的石头路,那是我最初的幸福乐园。

但一切到1958年7月就变了,因为在"大鸣大放"中话说得太多太实在了,以及贴过政治辅导员的大字报,父亲被打成了"中右"分子,先是被分到海沧第二农场,后又被分配到永安厦门石灰石厂进行劳动改造。父亲很沮丧地离开了鼓浪屿,离开了他心爱的工作岗位。

父亲去改造后,全家的生活变得很困难。平时只会在家忙家务的母亲不得不走出家门去讨生活,靠帮别人家洗衣服贴补家用。刚满周岁的小弟弟因照顾不及时而生病夭折了。

父亲是母亲的天、母亲的面子和母亲的主心骨。父亲不在家,家里的生活突然变得困顿起来,母亲还要面对两个懵懵懂懂的孩子。难的不只是一日三餐,还有心理上的压力,母亲也从温柔娴淑变得急吼吼起来。

小时候,我总是班上心事最重的那个孩子。因为父亲是劳动改造分子,属于非常不受待见的那种人。而且我们又属外来户,鼓浪屿上没有我们的亲朋好友,没有人能伸出援手。在外没有朋友,在家中我又是大哥,首当其冲承接到父母的情绪。我被要求要懂事、听话、会照顾妹妹,还要承接母亲的慌乱、急躁、无奈,甚至情绪崩溃时的雷霆之怒。

尽管鼓浪屿的风景那样的美,可是在母亲的心里,即使是朗朗晴天,也仿佛总有一朵乌云遮在那里,而那朵乌云也同样沉沉地压在我心里。

我极少邀朋友来家里,因为家里又小又困窘,没有什么可炫耀的,也很少交朋友,最好的朋友就是小我4岁的妹妹陈金珠了。穷人的孩子早当家,记得从10岁起,我就经常帮邻居买煤炭、拿报纸,赚点零花钱,也换得母亲难得的一点点笑容。

1962年,父亲因为身体原因,退职回家。一回到鼓浪屿,他一天都没休息,就去拖板车、到冷冻厂当临时工。因为家里米缸空空,没有隔夜粮,不干活就得饿肚子。可怜当初那个风度翩翩、一尘不染的白衣化验员,现在变成头发蓬乱、穿着精装短打的街头零工仔了。

　　打零工的生活是不稳定的。所以,尽管父亲回来了,家庭经济略有改善,但我们家的状况还是一个字——"穷"。家无余粮,每天都得出工才能填饱肚子。我还得照常帮邻居买煤炭、跑腿,才能攒点零花钱,哄得妹妹乖乖听话,小尾巴似地跟着我,听我指挥。

　　1969年,上山下乡运动如火如荼,鼓浪屿和集美的知青以及城镇闲散居民户都被动员到永定插队,厦门市区的知青被动员到上杭及武平插队。那时我才14岁,刚从笔山小学毕业,到厦门二中上学,根本不到插队的年龄,但因为家庭成分不好,父亲当时没有固定工作且生活实在困难,我家被动员全家去插队,到广大的农村去讨生活,接受再教育。因为我实在不到年龄,只得把出生日期改成1953年8月13日。

　　虽然我在二中只读了半学期,但和同学们感情都很好。一听说我小小年纪就要告别课堂去永定插队,同学们很是不舍,又是送火柴又是送肥皂。记得当时最要好的同学阿坤还到车站送了我,我俩手拉手,哭成一团。

　　1969年10月,在红旗招展、锣鼓喧天的热闹喜庆中,我和父亲、母亲、妹妹蜷缩着身子挤在一块,挂着眼泪坐着绿皮火车去龙岩。

　　车上哭声一片,那些比我大五六岁的哥哥姐姐都在哭。是呀,一个人要被连根拔起,去到一个陌生的地方,任谁都会觉得害怕吧?命运会把我们带到哪里?又会有怎样的难题在等待着我们呢?

可是,又有什么办法呢?谁也拗不过那一纸薄薄的通知,再怎么哭号,再怎么抹泪,再怎么不甘,再怎么咒天骂地,不都还是照样得乖乖地背井离乡?

从下火车开始,我们就进入了转车再转车的行程,路越来越颠簸,人越来越少,山越来越高、越来越陡,我的心越来越凉。

恐惧就像一条冰冷的毒蛇,不时地探出头来,与这冷寂的山风一起,刺探着、偷窥着我的内心。

在鼓浪屿海边长大的孩子,何曾见过这树木茂密而静默无言的大山?面前这座绵延不断的庞然大物带着极大的震慑力,一点一点地冰冷了我的心。

可我脸上不能呈现什么。因为,我已经14岁了,已经是家里的男子汉了,母亲和妹妹,都是需要我保护的人了。

我的手心都握出冷汗来了,但仍然静默地抿着嘴,坚持不开口。因为一开口,我可能会带出哭腔和眼泪。

越过山丘,越过山丘,越过山丘……

我祈祷着能在哪个看起来比较平坦的山村里放下我们,可是领路的人一直带我们越过山丘……

翻过几千个石阶,直到某个堆满稻草的土屋前,我们才被允许停住了脚步。

这间仿佛四面漏风的土坯老屋,一看就是很久没人居住的样子,里面堆满了稻草,而且颇有点以前露天公厕的样子。

可是,我们有什么可抱怨的呢?

人家是免费提供住所。

于是,母亲放下单薄的行李,我和妹妹放下叹息,父亲抿着嘴无声地指挥我们动起来。我挥起刚刚用稻草扎成的扫帚满天乱扫成堆的蜘蛛网,铺好用稻草做成的床,然后就累得躺在上面睡着了,一个梦也没有。

永定湖雷公社道仁大队永二生产队，这是我再次落脚的地方。也是我的第二个故乡。

这里与鼓浪屿完全不一样。

与鼓浪屿的干净、清雅完全不同的是，这里的人舍不得穿鞋，经常赤着脚走路，洗手也没那么勤，户外的柿子摘了就吃，也不洗。在外面，渴了，就着山泉，趴下身，就可以饱喝一顿。他们说话声音洪亮，初听，像打钟一样。呼儿唤女回家吃饭，声音悠远，可以穿透好几堵墙。

小时候经常听说牛屎，感觉那是臭不可闻的存在。可在这里，偏偏像宝贝一般，还有小孩专门跟在牛屁股后，指望牛屙出屎来，实在太颠覆我的想象。直到后来，我才知道，对于农民，牛屎是最好的肥料，晒干了还可以换钱呢！

因为我年龄还小，因为懂得知识的重要性，父亲低声下气求人、想方设法让我继续上学，他们则留在永二生产队务农。

1970年7月，我到永定湖雷第三中学读书。那时候初中生要寄宿，我每周五下午回家，从湖雷公社到道仁大队要走15华里（7.5公里），从大队再到生产队还要翻山越岭，要爬900多级台阶，实在是太远了。每次离家，母亲总会先用猪油抹了锅，然后，再往锅里倒上咸菜干，用锅铲来回炒好，冷却后塞在竹筒里，再拿6斤大米，让我一起带走，作为一周的伙食。

可是，那时我正在长身体，这6斤大米要管一周，每天三餐根本吃不饱。记得有一阵子，我实在是饿得不行，就跑到学校后山去采野果子吃。那里四季各种果子都有，有虎莓，听说被蛇吻过的更黑更甜，很多人都怕上面的小刺和树丛里的蛇。可我不怕，没有什么比饿肚子更难受的了。那种抓心挠肝、坐立不安、腹中空空的感觉实在令人煎熬。山上还有各类果子，记得吃得最多的是桃金娘的果子。这种果子一开始是青的，后来变粉了，熟了就越变越黑，里面有一个白白的芯,外面的皮涩涩的,中间的肉倒是酸酸甜甜的,挺好吃的。我记得那是个秋天吧,看到一个个黑黑的、圆圆的桃金娘果子,我非常开心,这样我的肚子就不会再那么饿了。它们可不是我的饭后甜点,而是主食中的一部分。可是,吃得太多,也有一个坏处,那就是很容易便秘。

但即使是这样填不饱肚子的一周6斤米,还不一定能常年供应。我在学校读书,而父母亲和妹妹要务农,需要更多的身体消耗。每次我回家取米离家返校后,父亲劳动回来,一发现米缸里的米低于他之前画的线,就会责备母亲,因为当时大米的供应实在是太紧张了。

这些都是母亲后来告诉我的。在我读书期间她一直没告诉我,她说每次父亲说她,她都忍住要流下的泪,连连点头,表示赞同,表示下回一定改正。父亲见此,本想张嘴再说,却忽然不知如何发声,只好叹了叹气,低头无语了。

等到我高中毕业也回到永二生产队务农时,才发现,在田间忙了一整天,回到家,只能喝那稀得可以照出人影的地瓜稀饭,实在是令人难过呀,因为这根本解决不了饥饿的煎熬,填不饱空空如也的肚子。

而当时我最觉得难过的倒不是饿肚子。毕竟,在父母亲的全力庇护下,我也算是半饥半饱。

最难过的是没书读。那时候,知识分子都被批成臭老九了,知识越多越反动,哪有人认认真真地教知识,又有谁能安安静静地坐下来学知识?

谁都只能被时代的洪流裹挟着,顺流而下。

当然包括我。

学校这时候也徒有其表了。因为天天要学工、学农、学军,我们班级也被改成了几连几排几班。每天早上5点多钟就得出操。

相对于学习知识,学校更看重锻炼身体。毕竟,身体是本钱,不是吗?毕竟,锻炼身体绝对不会犯错、不会被批斗。

学校经常组织我们劳动。湖雷三中有自己的农场。而且由于学校地势低洼,经常被水淹,校舍被冲垮,所以,印象中初中的一半时间都在劳动。大家经常拿着扫把、拖把、锄头、畚箕,喊着口号、唱着歌儿去劳动。一大群半大不小的孩子,聚在一起喊口号,如今想想也挺有趣。那时大家伙脸都晒得黑红黑红的,一到冬天还经常会干裂流血,跟现在脸上常常涂着防晒霜或防冻油,又白又嫩的孩子相比,真是天差地别了。

而当时的教材,更多的是工农兵课本,读的英语全带着政治色彩,语文课本上则写着"人老话多,莫嫌老汉说话啰唆。你钱多气粗腰杆壮,又有骡马又有羊……"。

这样的氛围下,其实大伙学习文化的热情也不是太高。因为老师都被批斗了,难道我们要努力学习成为像老师那样的人吗?学得一肚子知识然后被批斗吗?所以,同学们都心知肚明,能应付就应付吧。而且大家都很穷,物资很匮乏,肚子还很饿,劳动完了累得都想睡了,哪有心思再读书?

我倒是喜欢读书,只要捡到上面有字的纸,总会翻来覆去地看上几遍,稀罕得不得了。偶尔知道谁家有书,我还会主动跑去借来看看。当然,也会帮对方做点小活、跑跑腿,这都是顺手捎带的事。

1972年,我初中毕业了。按当时的条件,只有贫下中农的孩子才能去读高中。而像我这样成分不好的孩子,即使书读得不错,也很难有机会上高中。平时书读得不怎么样的贫下中农家的孩子,倒有可能被保送。

那时候,成分就是一条红线。线上线下是截然不同的人生。

所幸,我遇到了人生中的第一个贵人,他就是我当时的班主任温先煜老师。温老师看我读书认真,又是毛泽东思想文艺宣传队

背着书包走出校门的我,一脸迷惘

的队员,就主动说:"我帮你。"在温老师的多方推荐下,我终于上了高中。至今,我仍然非常感激温老师,他真是让我人生发生重要转折的贵人。

当时毛泽东思想文艺宣传队非常流行,湖雷三中也组织了,还经常到处宣传演出。我总是被分配当反派角色或者丑角。这是许多同学都不想扮演的角色,大家都争着当正面人物,那多风光呀。可是我因为身份的问题,因为我上学是父亲求来的,所以根本没得选。

既然没得选,我就认命。既然要演,我就认真演、卖力演。记得当时经常表演《洗衣歌》,演班长的是主角,没有我的份,我就在旁边听,心里默唱。近半个世纪过去了,我仍可以完完整整地唱出来:

呃!……
是谁帮咱们翻了身呃?
是谁帮咱们得解放呃?
是亲人解放军
是救星共产党
……

文艺宣传队里的歌声嵌进我的生命里（四排左三，1973年）

记得每次上台表演，我都要涂上厚厚的颜料，化着表示小丑或者反面角色的丑妆，表演时还要捏腔拿调，动作夸张，令人喷饭，供人取乐。现在想来，那画面感实在太强了！真没几个人能受得了的。

但是我就这样认命，默默地坚持把丑角、反派人物演好，让大家笑出声来！我认为这也是我的成功。我们的宣传队因为同学们都很卖力、演得好，就四处去宣传演出，还跑到永定县城演出并拿到荣誉奖。

上山下乡的日子很清苦，没有糖吃，没有书看，没有歌听，也没有热闹看。我们家又都不怎么会干农活，父亲原本是医技人员，属于干精细活的。母亲虽然是个家庭主妇，可也只是围着灶台厅堂转，对于农村那些耕地、插秧、耙地、拉犁、培畦、造埂等技术活，那简直是两眼一抹黑，啥也不会。她只能跟着别人，做些最轻巧的活，干些搭把手的事，比如种花生时放花生种，插秧时帮送秧苗，收割稻子时帮忙割稻子、递稻穗……因为属于辅助工，工分自然是最少的。所以上山下乡后，虽然有3个劳动力而且天天出工，但我们一家仍然很穷，大米、甘薯和咸菜就是我们一日三餐的标配。

恰同学少年，风华正茂（四排左四，1974年）

2.煎熬中成长

　　1974年，我高中毕业了，没能考上大学，只好回到道仁大队永二生产队务农。那时候生活特别艰苦，每天天刚蒙蒙亮，我就得起床，带上砍刀和绳子，和父亲一起，爬到山上砍竹子，然后挑到公社去卖。每次回到家，肩膀都磨破了皮，而手上握刀的地方经常起水疱,脚也经常变"铁腿"①,要结结实实地痛上好几天。而山上处处有暗器,要万分小心,一不小心踩到前人砍竹留下的根部,就会鲜血淋漓。被斜斜砍掉枝干后,竹子根部就像一把尖头向上的锐利刀片,脚板一不小心踩上去,就像踩到竖立的竹签上,立马令人哭爹喊娘。

夏天割稻子也非常辛苦,令人印象深刻。记得一般是在天气最热的时候开始割稻子。那时的天气总是又闷又热,为了防止稻叶割到手,我得穿长袖的衣服,热出一身痱子来;弯着腰割稻子,脸经常被倒下的稻叶划到,洗脸或流汗时就会生疼;腰弯得久了,根本直不起来;而脚也由于一个动作久了,经常麻得像被无数只蚂蚁咬。

踩打谷机则更危险了,一边要脱粒,一边要小心手中的稻穗不被打谷机拖走,要眼、手、脚齐动。常常汗从额头滴下来了,也不敢擦,怕稻子脱粒不够干净被批评,也怕不小心手被机器拉住往里卷。

回家时,挑着新谷子,那饱含着露珠、夹杂着稻叶的谷子,可真是死沉死沉的,常常压得我肩膀抬不起来。挑着稻谷走在那细细的田埂上,对我来说,简直像在走钢丝绳。箩筐根本不听话,左右摇摆,而我既要看路,又要保持身体平衡,担心摔倒,因而常常一路歪歪扭扭、踉踉跄跄,简直是步步惊心。至今那个场景仍让我印象深刻,有时做梦梦到都会被吓出一身冷汗……

我那手忙脚乱的样子,常常被老乡们拿来取笑,他们总是边模仿边摇头边叹气:"百无一用是书生。"

通常壮劳力忙一天10个工分赚一毛八,可是像我们这种年轻力嫩、没经验的学徒工,只给7个工分。这样年中和年终队里按工分分粮时,家里仍只能分到少少的大米,我根本吃不饱,经常只能早早上床睡觉。这时,就会想到,以前我去读书一周带6斤大米时

---

① 铁腿:闽南语,指肌肉痉挛的样子。

父亲的抱怨了。真是不当家不知柴米油盐贵呀。

可是,没办法,只能认命。因为当时连能不能回厦门都不清楚,这样的生活不知要坚持多久,我心中一点答案都没有。至今回想起来,我仍能感受到那种在烈日下干活时前胸贴后背的饥饿感。

所幸,我还有自己小小的自留地。闲暇的一点时间,我总会拿来琢磨一些字的写法。对,琢磨,就是用心地揣摩如何才能写出一手漂亮的字。偶尔工余,我也会扫出一点平地,用树枝在上面写写画画。当然,如果能看到书本封面、广告招牌或者广告体文字,我会两眼发亮。我经常暗暗地想,为什么会这么写?这撇这捺怎样才能更好看?母亲后来常说我当时为了练字,都有点"痴"了,有时候,自己干活时想着想着,就笑了。

1977年恢复高考时,我高兴极了。天刚蒙蒙亮,就自己一个人翻山越岭去考试。当时没车又没钱,我先是徒步走到湖雷公社,然后,继续朝着龙岩的方向走去。路上,遇到一个好心人,用货车把我带到龙岩师范学校参加考试。我当时报考的是浙江美术学院。

为什么想报美院呢?高中毕业至恢复高考这三年间,我自己一直在心里琢磨着。渐渐长大的我,开始为谋生而发愁。我知道,我长大了,前途茫茫,鼓浪屿看来是回去无望了。书也读不成了,但我总是要找到一项能够谋生立世的本领才行。那阵子,我边干着农活边琢磨着、思考着。我认为务农很辛苦,我再努力也很难达到周围老乡的水平。我想学画画或理发之类的手艺来赚钱养家。

我喜欢写字、画画。后来,我看到在当地农村,眠床[①]是家中最重要的家具,是结婚时大家最看重的物件。所以,农村人都很舍得把眠床做得漂亮点:三面屏风,都雕花描画描金,下重本,整得金亮金亮的。

---

① 眠床:闽南语,意为床。

经人介绍,我跟着一位师傅学。因为这是一件关系婚姻、关系后代繁衍的重要物件,也是很多家庭最最重要的物件,所以需要细心、再细心。

我经常在学画画时屏住呼吸,感觉自己是在做一件非常神圣的事,这也练就了我的专心、耐心和心无旁骛。当然,画技也得到了很好的锻炼。

恢复高考时,我非常高兴。报考浙江美术学院时,我心里特别兴奋,觉得属于自己的机会来了。因为觉得自己这三年时间没白费。在眠床屏风上画鸳鸯、画人物、画山水,这些都是我这三年来每天都在干的事,平时大家反响也很不错,所以一开始我信心满满。

可是,到了考场,我才知道,当天的题目不是素描而是真人模特。从来没有经过系统学习的我,平时画的大多是静物素描,对着真人,根本不懂肌肉线条、明暗对比,最终没能考上。这着实让我懊恼很久:好好的机会就这样溜走了,怪自己平时学得太少、准备不足。后来我时常在想,如果当时定位不那么高,报考鼓浪屿工艺美术学校,也许我就考上了。

一直珍藏的考场素描,是我心中的梦和痛(1978年)

但是生活根本不会给你白日做梦的机会,也不会给你假设的机会。高考结果出来后,我只能抹着鼻子,灰溜溜地,又再回到道仁大队永二生产队继续务农。

上山下乡的日子简单而重复,虽然没有增添许多书本上的知识,却教会了我很多生活中的常识,我的身体锻炼得更加强壮了。最重要的是,意志更加坚定了。我耐得住性子,扛得住寂寞,冷静而执着,静默地蓄力,就像这四面的大山一样,有着沉默的力量。

因为别无选择,因为觉得自己准备不足丢掉一次大好机会,我对在眠床屏风上作画这件事就更加上心了。我经常专心到忘了上厕所、忘了吃饭。因为觉得自己是在做一件非常神圣而重要的事。这也许花了主人一整年的全部积蓄,这家主人的孩子也许还有孙子都可能看着我的画长大、在我画好的眠床上出生……一想到这,我就更加用功。因为,这是我赚钱的资本,我别无选择,只有埋头苦练。

好不容易,我终于把眠床屏风作画描金手艺学得七七八八,觉得如果哪天师傅让我独自出门,我也能做个囫囵吞枣,不会太丢脸。公社领导看我有点文化,肯吃苦肯学习,又派我新活。

后来的一段时间,我白天在道仁大队碾米厂上班,晚上到水电厂做发电照明值班,感觉自己不再流浪,生活也越来越上轨道了,我很是欢喜,每天哼着小调去上班。

父母亲脸上也日渐有了笑容,经常笑眯眯。

如果说生活是一条河流,那么,它什么时候会遇到拐弯?什么时候会遇到暗礁?什么时候会激起浪花?什么时候会遇到洪流?什么时候又会被迫干涸?……一切是冥冥之中早已注定?还是有一些暗线、会偷偷给个暗示?或者全凭随机的运气?

在永定县湖雷公社道仁大队碾米厂上班(1974 年 8 月)

在永定湖雷大圳劳动(左一,1975 年)

3.丢下初恋

1978年10月,一个看似平静的日子却突然像炸响了一个春雷!生活突如其来地给我伸了个橄榄枝,说我可以回城了,可以回鼓浪屿了!

听到这消息时,我瞬间恍恍惚惚,竟然有些不知所措,迷迷糊糊地走回了家,直接扑倒在床上痛哭。

在生活的多层重压下,我已经认命,就像被一遍遍夯实的泥浆,乖乖地待在被圈定的框框里。当时我一直以为,我以后只会像周边邻居一样,端着画着大公鸡的海碗,蹲在家门口,边扒拉着饭,边问走过路过的人"呷饱没?"[①]。

或许,我的孩子也会跟在准备屙屎的牛后面,开开心心地捡一泡还冒着热气的牛屎,心里换算着,再攒多少个就可以换糖吃。

我的手心已磨出厚茧,我的脸已晒得黝黑,我走路已变得沉稳有力而快速,我不再是刚来时那个身单力薄的鼓浪屿白脸少年,而是已长成脸宽手劲大的永二生产队的大人了。

我还学会了一门手艺,虽然不够娴熟,也不甚出名,但或许再过几年,我很可能成长为一名手艺人,四村八落的孩子会在我绘着美图、雕着细花、写着故事的床上出生。我现在还打着两份工,可以朝着在当地小康生活的方向迈进了。

可是,这时候,突然有人说,"你可以回家了",回到那个我魂牵梦绕的鼓浪屿,那个有海浪轻拍、有琴声轻拥、有呢喃软语、有三角梅、有凤凰花、有凌霄花、有软糖、有喷香水的邻居的鼓浪屿,那个我想了一年又一年、念了一天又一天,梦醒发现泪湿枕巾的鼓浪屿。

---

① 呷:闽南语,意为吃。

父母亲和妹妹先回鼓浪屿,拍合影寄给我,以慰相思(1976年10月)

我再次哭了,是喜极而泣,是叹命运不薄。

但同时,我再一次陷入纠结。

我是那样渴望能回到鼓浪屿,回到家乡的怀抱。能回鼓浪屿,我觉得自己一颗流浪的心才会安定下来。离开鼓浪屿的9年,我觉得自己就像一只流浪的小狗,无家可归的我一直渴望回到福州路123号,回到咸涩海风的怀抱。

可是,这时候我已经有了心爱的初恋女友小芳。她是我的初恋,是邻村的女孩,比我小两岁,是个笑起来有两个酒窝的人。她姓赖,性格很温和,见人就笑眯眯。她的眼睛就像被春风吻过似的清澈灵动。

她还是我的青梅竹马。我上高中时,她上初中,我们每天都一起上学、放学。平时像个闷葫芦的我,一见到她,就会滔滔不绝地说个不停。无论是开心的、不开心的,我都想讲给她听。而无论是喜事还是坏事,她总温和地带着微笑,耐心地听着我说。我们在一起时总有说不完的话,上学、放学路上永远是有说有笑,经常是我在闹、她在笑。

她是我的阳光,是我年少时的温暖。

看到她,我即使心里再潮湿,也会慢慢晒干,最后露出笑脸来。也许,这就是爱情的模样吧。

父母知道我们在交往,在没有回城机会的情况下,是默许甚至是支持的。因为他们知道小芳是个性格温和、能持家的好女孩。因为他们知道有小芳在身旁,我会开心的。

可是知道有机会回城后,父亲母亲都非常严肃地告诉我,如果我和我的小芳结婚了,那我就不能回鼓浪屿了,就要一辈子待在道仁大队了,我的孩子也不能回厦门了。

这该如何是好?

这么大的一个难题就这样直接丢在我面前。一如那天的太阳,刺目、耀眼,炫得眼睛生疼,不敢直视。

我心里很难过,魂不守舍地找到小芳,垂下头,红着眼,低声说:"我不能带你回鼓浪屿,因为我没有条件。"

我瞥见她眼泪立马冒了出来,瞅了我一眼,默默地跑开了。

我也流着泪回到了家,在床上整整躺了一天一夜,不吃不喝。

就这样,在初恋和鼓浪屿之间,我选择了魂牵梦萦的鼓浪屿,而初恋被我留在了道仁大队。

等我要离开道仁时,小芳还特地送给我一张单人照,而我则回赠了小芳一支钢笔。这张照片一直珍藏在我随身的钱包里,仿佛成了我的"护身符"。

岁月会老,而照片不会老。照片上的小芳温润如玉,眼睛大大的,温和地抿着嘴笑。

后来，初恋变成了朋友，大家都成了家，有了娃。20年后的1998年，她还来鼓浪屿看我，我也尽了地主之谊，好好地带她四处逛逛、好吃好喝。对于往事，两个人都心照不宣地一笑了之。

或许，这就是生活。没有死去活来，没有谁离不开谁。我们这些普通的凡夫俗子，就像路边的狗尾巴草，没有谁会为自己鼓与呼、会关心自己的悲与喜，有苦只能自己往肚子里咽，只能为五斗米折腰、为填饱肚子而奋斗。

那些生离死别、非尔不可的凄美爱情太过奢侈，或许是因为没有碰到更坚硬的现实。再不可分离的爱情遇到不得不低头的生活，也唯有让路。毕竟比起肚子，爱情又算得了什么呢？爱情又填不饱肚子。

知识青年上山下乡又回城这段历史，也不知促成了多少恋人的无奈分离。

所有的选择总会留下遗憾，那些失去的东西经常会进入梦里来。正像我现在这60多岁的年纪，经常会不由自主地想起往事。而上山下乡，则是我最大的往事。

我会十分怀念学校后山的桃金娘果子，怀念我乍见它们时的欣喜，怀念它们圆圆的啤酒桶般的身材，怀念那酸酸甜甜的味道；我会非常怀念那细细的田埂，它们在绿色的稻田中蜿蜒，仿佛一个未知的指引号；我还怀念那条清清的小溪，怀念在溪里轻啄我脚板的小鱼；我还很怀念我在溪中捉鱼的场景，记得当时我总是先屏住呼吸、静默着不动，等到鱼儿绕我的脚玩，完全放松警惕后，才如迅雷一般，把原本放在脚边的簸箕提出水面，捞起那些活蹦乱跳的小鱼。那些小鱼总能换来母亲眉头的片刻舒展，还有灶膛煎鱼或炸鱼的甜美味道……

或许失去的才是最好的，得不到的总会念念不忘。回到鼓浪屿后的数年，我经常梦见那青山绿水中戴着斗笠的老农，那和农民亲如一家人的老牛,以及我那描绘了多少次的眠床屏风。

在梦里,我脚边的小鱼依然那样灵动,我描绘的眠床依旧闪着喜气的暗光,一如我初遇小芳时心头小小的惊喜。

4.差点成为"诗人"

上山下乡是我人生的低谷,在那样的谷底,愁闷使我差点成为一名诗人。

每个人的人生有不同的坎,不同的阶段有不同的难题。我的人生有三个阶段:青少年的迷惘、中年的拼搏、晚年的回想。最难忘的是青少年的迷惘,它是我们每个人的人生通病,更是人生最好的底蕴。通过心灵和思想的碰撞,很多人终于找到自己与世界和平相处的道路,而这段时间无疑是困苦的、挣扎的,特别是当梦想与现实差距太大时,特别是对于一个有理想有抱负又没有施展平台的人,但无疑这时候的感情也是最真挚、最可贵的。

有句话说得好:"孤独的孩子,你是造物的恩宠",实际上迷惘意味着智慧的开启。青涩年代是艰难年代但无疑也是最真最纯的年代,永远弥足珍贵。不妨献丑,且看我当时挣扎中的涂鸦。

自叙

喜春是五月,向往已返鼓。梦寐喜来早,理想已实现。

踏上新征途,遇事多用脑。志士嗟日短,愁人知夜长。

异乡整八年,八年尽风波。深知农村苦,感怀实在多。

理想与前途,本身无人知。歌声多欢喜,为见新征程。

(1978年5月,由永定回鼓,重返家乡无不欢欣,夜不能寐,这是我人生又一个转折点。)

望月寄怀

往年中秋今在鼓,明月当日思远举。

八年异乡堪热恋,几多艰险建殊功。

光景远征随意赏,不因佳节来赏月。

夜阑倍觉醉意浓,但愿业宿来祝福。

戊午八月十五日

(心得:不要一遇沙漠,就怀疑生命的绿洲。生活永远不会一帆风顺。)

爱情——看《我们村里的年轻人》有感

一轮明月,笼罩苍苍的山影

姑娘,你睡在我的怀中

头枕润适温暖的双手

呼吸伴随您的笑容

仿佛我把您抱得紧紧

轻轻耳语

千年万载,您在梦中

今朝却不见您的踪影何在

春天,我爱您像一朵花

秋天,我爱您像一轮明月

姑娘,您走进我美妙的梦境

仿佛又听见您对我轻轻诉说

1978 年 10 月 20 日

征途

双脚,跨出朝夕相处的山谷
身后,留下战友的情言
往昔汗水,洒在这僻址瘠地
而今离去,八年的艰辛生活
怎不叫我依恋留步?

我又踏上新的战斗征途
手里紧握神奇的金锁匙
啊,美妙的理想,成为空想——
这叫我怎不悲观痛苦
但这是我人生又一个新起点
踏遍笔山洞,去描绘伟大理想宏图

1978 年 10 月 24 日

海滩小夜曲

月色朗朗在沙滩上笼罩
灯火点点在大海里闪耀
年轻的阿妹哟
轻轻地轻轻地哼出一曲爱情曲

歌声被晚风带走了
追逐浪花轻轻地飘轻轻地飘
飘到年轻阿哥的船舱里去
声声敲动他的心,勾起满是她的回忆

1978 年 11 月 25 日

题途中偶见红岩木模盆橘——赠白毅

红岩木模有盆橘，
盆桔粒粒色丹留。
墙外行人流唾咽，
我自见了还独愁。
窈窕纤纤火样身，
色丹累累留世间。

1979 年 4 月 14 日

答亚元君

赠君一语解迷惘，
风物长宜放眼量。
伤心往事堪回首，
莫使年华付流光。
悬发锥股苏秦奋，
白首悲切岳王章。
岂可沉吟呼运命，
更当振精答昭阳。

白毅　1979 年 4 月 18 日

命运的呼声

难忘的一九六九啊
一场男女老少移乡动员令
命运叫我奔向没有爱情的永定
惊心动魄的投影
那非凡艰辛的岁月
带着我的欢乐

带着我的悲伤
　　已使我望不见日光岩的面影
　　已使我听不见大海的涛涛歌声
　　漂流异乡9年啊,增添我人生史上一页
　　我曾到翠竹环绕的山冲
　　挑起土箕,拾起牛粪
　　我亲尝到烂泥团的口味
　　那可怕的蚂蟥把我的双脚裹得很紧
　　鲜血满地
　　一粒米是来之不易啊
　　多少血汗换来的……

生活的弱者最先厌恶生活,生活的强者始终热爱生活。

逝去的既然已经逝去了,那么,就让我们以新的勇气来开辟新生活吧。

我不信命运,故不言命运之悲惨。

生活像江河,有风浪漩涡。

漫长而寒冷的严冬已熬过去,熬过来的人要珍惜它,哪怕已经伤痕累累。生活不仅仅就是为了活着。对于强者,苦难往往可以成为成功的阶梯。为了生存,应该去搏斗!去战斗!不要在人生十字路口徘徊、彷徨。鼓起勇气,勇敢地生活下去,让青春闪光,去照亮宇宙,虽然苦海无边,但一定能走向幸福彼岸。面对现实,一个真正的强者并不是只能做个可怜的社会牺牲品,而应该成为一个有理想、有自信的人,更能结合自身特点去创造一套最科学、最巧妙、最现实可行的办法,去改变命运、提高自我存在价值。去奋斗吧!做一个有用的人,扬起生活的风帆,朝着既定的目标前进吧!

应该记住:过去属于死神,未来属于自己。

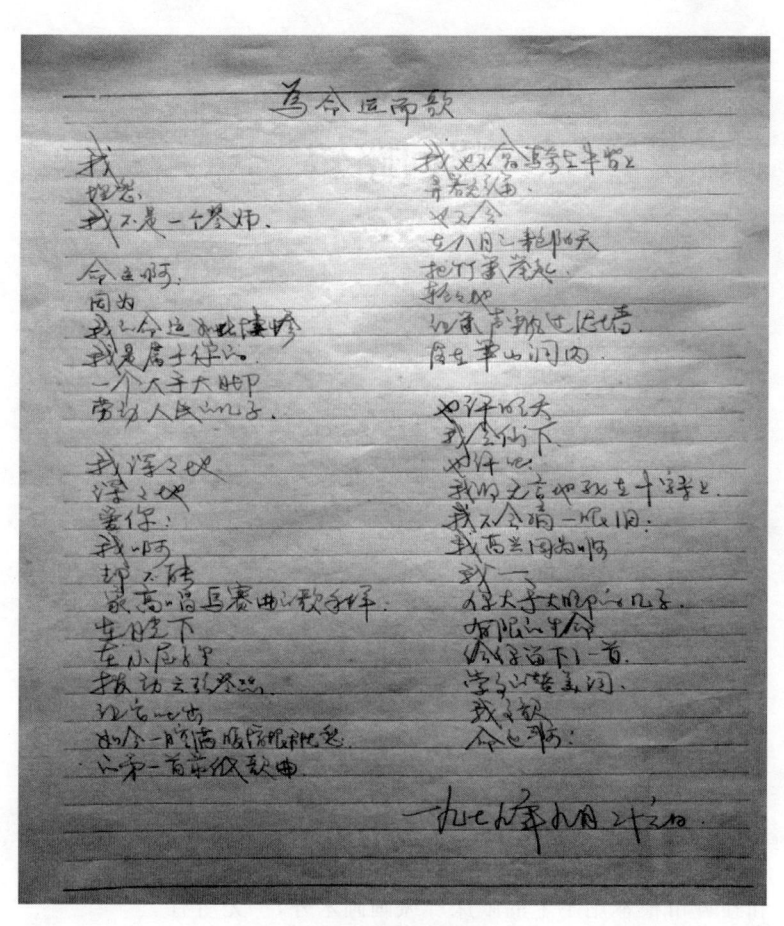

《为命运而歌》手稿

二

峰回路转

1.返厦之初

1978年10月,我们全家回到鼓浪屿。

好不容易回到鼓浪屿,却并非全是喜悦。难题就像藤蔓,剪了这枝又生出那枝,总有办法死死缠住我们。

以前福州路123号的公房我们已无法居住了,因为里面早已有了新的房客。我们只好另觅他处。

可是,这里可不是能免费提供一间土坯房的道仁大队,这里寸土寸金。

开门七件事,柴米油盐酱醋茶,啥都要钱。

可怜,我们没什么积蓄。在永定9年,除了攒了一身的力气,和在城市根本用不上的眠床屏风画画术外,一无所有。

回到鼓浪屿,没有工作、没有住处,23岁的我再度面临赤贫。

而此时的赤贫更令人难以忍受。如果说14岁离开鼓浪屿时,我还可以说自己没长大。而23岁,该是成家立业的时候了,可我依旧两手空空,九百六十多万平方公里的土地上,没有属于我的一砖一瓦。

回到鼓浪屿,还得按成分分配工作。曾经一起在厦门二中读书的同学,有的分配去造船厂,有的去了灯泡厂,当上旱涝保收的集体制工人,令我羡慕得半死。只是,没办法,父亲的右派帽子还没有摘,分配工作这等好事根本轮不到我。

没有出路的我只能先去拖板车。鼓浪屿因为小巷子多、山陡路窄,为了安全起见,全岛禁用机动车,岛上一万多居民以及几万游客每天所需的蔬菜海鲜、生活用品等大量物资全得靠最"古早"的方法运送。船将货物运至鼓浪屿的黄家渡码头,再用板车拉至商店、菜市场。几百年来鼓浪屿一直延续着这种生活方式,板车和板车工成为鼓浪屿不可缺少的一员。板车工可以说是鼓浪屿上最低层次的力气活了。

我还算有点书画特长,偶尔还会被街道借调去出黑板报,干点轻松活,出一期工资一元。而妹妹因为没文化,只能到鼓浪屿建筑公司干粗活。

后来鼓浪屿笔架山挖防空洞,我被分到了背负组。这个到底是做什么呢?其实就是往拱形的架子里塞石头,然后再往里面填水泥。比如师傅量好后,对我说,"阿元,条石要80的"。我就量好80公分的石料递给师傅,挖洞的时候有些废料要拉出来,我就用板车把废料一车一车地从人防洞拖到玻璃厂那边的码头上。

当时拖板车一车八毛钱,全是要用肩、手、腰的力气,非常辛苦,是个很重的体力活。遇到车要上坡,需要把身子绷得像一张弓。遇到车下坡,更要非常小心,怕刹不住车撞到人。总之,神经要高度紧张。而且由于吃也吃不好,睡也睡不好,体力得不到很好的补充。每天回到家,我累得身子都快散架了,很是煎熬。

由于父亲还没落实政策、没能摘掉帽子,一家人就没地方住。我和父亲两人只能临时将就住在父亲值班的人防洞发电值班室里。母亲和妹妹则因母亲到别人家当保姆,住到主人(厦门大学蔡启瑞教授)家。一家人分成两处住。

人防洞值班室只是个小小的房间,旁边就是发电机。父亲在值班，我在值班室旁搭了间小屋，睡在那。每天听到轰轰发电声，我常常辗转反侧、难以入睡。

想到自己去永定山区转了一圈，近10年的最好光阴白花花地流走了。现在回鼓浪屿来，更加贫困，与同学拉开了好几个操场的距离。

看到同学们依然住在熟悉的老地方，而我却蜗居在值班室旁临时搭盖的小屋里，白天拖板车浑身酸痛，晚上想翻个身都难，我心里憋了一肚子窝囊气。见到同学就赶紧远远地绕路走，生怕别人关心地问起近况，害自己窘迫。

有段时间心情特别不好，想到自己年纪一大把，事业一无所成，连居住的地方都没有，郁闷得想去自杀。

有一天晚饭后，想到一回到人防洞就得听轰轰发电声，躺在小小的床上，腿都无法伸直，我心情郁闷，就到外面走走。走在鼓浪屿皎洁的月光下，我一直想不通，自己明明那么努力，为何还是"两手光光""口袋比脸还干净"，命运对我，实在太不公平了！

郁闷至极，我弯腰抓起路边的小石头，远远地投向波光粼粼的海面。

可是，海水一下子将石头含住，一朵浪花也没留下。

我呆呆地看着代表自己火气的小石头，悄无声息地被大海吞没。怔了半天，我终于明白了：生气和郁闷都是自己的，对于别人和周边的世界来说，这些苦与恼都是无声无息的、无足轻重的、无关痛痒的，只能自己消化……

所幸，父亲不灰心，他四处张罗，低声下气地托人帮忙、四处打听，寻找合适的住所。

后来，听人说鼓声路28号2楼没人住。父亲兴奋得大中午跑去看房子。毒辣辣的正午太阳下，父亲急匆匆地折了个来回后，不顾浑身湿透，双手直接按在我的肩头，高兴得又跳又叫，像个孩子其实那房子在英雄山,属于鼓浪屿西南角,很是偏远,生活也有诸多不便,但有三间小房子,大概有四五十平方米,这样我们一家人就可以住在一起了。

回到鼓浪屿一年后,我们一家四口终于可以住在一起了。第一天,在家里吃饭时,我和妹妹都流泪了,父母亲眼睛也都红了。但这是开心的泪,有这样的房子我们真是很满足了!

上山下乡回来,我明显地跟一直待在鼓浪屿的孩子不一样,我没他们那般娇生惯养、自视清高。我敢放下架子、放下面子。我啥都不怕,吃苦受累不怕,脏活累活不怕,而且嘴巴甜脚儿勤,倒是很受师傅和工友的喜爱。

大概是1979年,有一天,有一位拉板车的工友看我字写得不错,问我:"你要不要去油印社刻钢板?"

我说,我没刻过钢板。他让我去试试看。

那天,我一到油印社,就看到一位师傅,在誊刻着一份材料。我凑过去一看,看见师傅正用力地一板一眼地刻着字。看我目不转睛地看了很久,那位师傅停下来,笑眯眯地问我:"想学吗?"

"想。"我毫不犹豫地说。

"你要想好,这活很累,要坐得住、耐得住性子、沉得住气。要很久很久才能出师。"

我不假思索地说:"师傅,我想好了,我不怕苦,我一定坐得住、沉下心,好好学。"

"好,那你带一点回去试试。"

师傅看我跃跃欲试的样子,微笑着鼓励我,而后又很深地叹了口气,低着嗓子说:"你先试试看再说吧。"

回到家,一吃完饭,我就躲进房间,试试师傅说的这门新手艺。

一试,才知道,这种活真是"外行看热闹,内行看门道",着实不容易。

要把字誊刻在钢板上,那可不是一般靠手劲的活。

这誊写用的钢笔跟平常的钢笔可完全不一样,这是要写在用来油印的钢板上的。

我要紧紧抓住笔,要下大力气,才能在钢板上刻下一点痕迹。钢板很滑,我刻字时一不小心笔就会打滑,失去了四平八稳,字就作废了。而且,不能有错字,需要十二万分的用心。

就这样,我全神贯注地刻了几个小时,刻废了好几张油纸,终于刻出了一小段文字。

我兴冲冲地拿去给师傅看,这位叫老K的师傅,眼神复杂地问我:"你背酸吗?你手痛吗?你屁股疼吗?"

我连连摇头,说:"不会不会,一点也不会。"

师傅点点头:"现在很难看到像你这么会吃苦的人了。但愿你能坚持,现在很多年轻人没学两天就溜走了。"

就这样,我成了师傅的关门弟子,跟着他学习誊刻。

没多久,我的大拇指和食指因为用力握笔磨出老茧来,我的屁股因为久坐痛得不行,肩膀和颈椎都硬邦邦的。(至今,我手上写字留下的老茧仍在,或许再也不会消失了。这是我年轻时奋斗留下的烙印,也是我的第一枚永久勋章。)

但我终于可以写出一手师傅认可的字来了。

看到我拿出来的一排排整整齐齐的字,师傅赞许地说:"你挺能吃苦的。"

师傅不知道,这点累这点苦对我来说,根本不算什么。我在满是荆棘的地方砍柴,在满是蚂蟥的地方赤脚插秧,在暴风雨来临前抢收,这些风吹日晒、皮开肉绽、流汗流血的苦,对我来说,才是根深蒂固的苦呀。

而今,我在舒适的房中,没有毒辣的太阳,没有蚂蟥,没有水蛇,没有野蜂,也没有无所不在的小咬,我是吃了点苦,但这几乎是微乎其微呀。

  师傅几乎是倾囊相授。因为，除我之外，再也没人愿意跟他学了，即使有人一开始好奇，最后也因为受不了孤寂的苦、久坐久握的苦、用力的苦而逃之夭夭了。

  师傅退休后，我接过师傅的衣钵，过了一段很是不错的日子。后来，师傅帮我介绍了一单业务，誊写厦门大学的一本教材。就这样，我每天在海坛路的油印社誊写，彻底告别了拖板车的生活。记得当时那本教材整整花了我三个月的时间，我不眠不休，却开心得很。因为那几个月我每月都能领到120元，大概相当于在灯泡厂上班的同学的4~5个月的工资。

海坛路 27 号，见证了我奋斗的足迹

我手上也因此有了一点小积蓄,当时我很是兴奋,觉得古话说得好——"天无绝人之路"。

用自己的双手,赚到第一桶金,
生活也露出了一点笑脸

那天,领到沉甸甸的工资袋,走出逼仄的小屋,站在高高的棕榈树下,吹着凉爽的海风,我心里突然感叹道:

命运,其实对我不薄,在拐弯的地方,仍给我准备了一份厚礼。

而我,用汗水换得了它。

2.替父亲申诉

父亲的"问题"一直是我的一块心病,返城后我就忙着伸张"正义"。最后,干脆直接给上级领导去信呼吁。

尊敬的第二医院政治处:

您们好!

当我提起笔来,我的心是那么沉重,过去一切本想不再追忆,想让它流逝过去……但是,一种难以抑制辛酸、悲愤的事,又在我脑海呈现,不由得使我又提笔来,向贵处倾吐内心话,请贵处原谅我吧!多占用您们的时间,我相信您们是会理解和同情我的。我还记得几个月前贵处曾派人来了解我爸爸的不幸,当时,我内心是十分激动的,就好像盼深山出太阳,让我感到组织是多么温暖和支持。在此,我万分感激,尔后,我又去了很多封信,提出落实复查改正,但再也收不到您们的佳音,使我充满希望,变成痛苦、彷徨、绝望……不知为何?

我的爸爸今年已经有五旬了,社会给他带来厄运,使他一生,都是默默无语,冤和泪都往肚子流。爸爸啊,往日您那笑容到哪里去?精神上的折磨,使你面孔逐日消瘦,脸上布满又黑又深的皱纹,阅尽生活艰辛。我们虽然仅一男一女,但我爸爸严教我们,要求我们认真学习文化知识,养成爱劳动的习惯、生活艰苦朴素,做一个有礼貌的人。我记忆最深的是:六九年十月我们响应党的号召,全家下乡永定,妈妈身体虚弱,水土不服,我们还小,全家全靠我的爸爸劳动,生活是极度困难,为了使我能上中学念书,父亲宁愿吃糠咽菜……这些往事,至今我仍历历在目、追忆不已。

我曾听我爸爸在原单位的老友叙述,爸爸是一个忠厚老实、勤勤恳恳的人,只因在五八年整风运动中贴过政治辅导员的大字报,就被其利用职权,调到第二农场做工,2个月后又转到永安厦门石灰石厂做工,家里没了收入,妈妈只得出门做事,刚满周岁的小弟弟因无人照顾生病而死。我百思不得其解。爸爸只是提点小意见,就使他生活漂泊十余年之久,生活历尽艰辛,全家下乡永定,9年异乡生活水土不服、吃糠咽菜,给我心灵留下一道又一道的创伤。

在春花还未开放之前,都曾有"寒凝大地"的时候,我也曾经耳闻目睹爸爸的不幸。现在再次让你们知道得比较清楚,希望我爸爸能早日得到政策的落实改正,给他一点精神慰藉。

长子　陈亚元
1980年4月

1981年9月28日,我父亲落实了政策。

3.好人好运

在誊写社誊写,这只能算是临时工、计件工。

但是那段日子,我完完全全地融入、全身心地干活,不计成本、不计时间,这是一段非常开心的日子,我有了师傅、有了工友、有了工资、有了积蓄。记得刻钢板一张5毛钱,我每月至少能赚到70元(当时公务员工资每个月是20~30元)。我还有能力为家里添物件,记得第一次为家里买的是一台红灯牌收音机,花了200元。

那天,一家人聚在一起,扭开收音机,听着美妙的声音从精致的小盒子里流淌出来,母亲和妹妹的眼睛瞬间亮了。父亲也很激动,眼眸潮湿,但他很快把脸背了过去,装着擦眼睛的样子。我则激动得眼泪立马掉下来了,因为我觉得自己终于是个有用的人了,能为家里做贡献了。当年父亲被劳改后那个小男孩最大的心愿,今天终于实现了!

也许,我的生活就这样了,在鼓浪屿安安静静地过一生,赚点辛苦钱,然后娶妻生子。

但生活总有彩蛋。

1980年的某一天,鼓浪屿区招工办的同志找到我,问道:"厦门水泥管厂在招全民制工人,你要不要去?"

全民制工人?这可相当于铁饭碗!

我现在虽然算是能赚钱了,可再怎么样都是临时工人。看到同学们去灯泡厂、造船厂、玻璃厂上班,我羡慕得不得了。那时候,工厂有全民的、集体的,有区办的、街属的、社办的……很是复杂,但是,全民的,是最高级的,相当于国家工人了。

于是,我兴冲冲地跨过鼓浪屿,冲到工厂去报名。

这是我第一次自己主动冲出鼓浪屿。第一次离开鼓浪屿是14岁,但那时是被迫无奈离开的。

但到了工厂后,我突然有点后悔。

因为,这个工厂地点在莲坂,很是偏僻。我每天要坐鼓浪屿渡轮到码头,搭上到火车站的车,再从火车站转车到莲坂,每天坐船、转车都要花好长时间,所以鼓浪屿的子弟很少有人想去的。

最重要的是,这个水泥管厂,干的可都是如假包换的体力活。水泥管厂负责生产厦门地下水泥管,直径大概有1米,就是我们埋在地下的排水系统设备。这些重体力活可是要肩扛手提的。

对我来说,我虽然经过农村的历练,可因为是来上山下乡的,老乡们还是挺照顾我们的,插秧、挑粪、扛石头等脏活、累活、力气活还是很少叫我们干的。而且上山下乡时,我一段时间在读书,一段时间在学手艺,一段时间在碾米厂上班,真正用上力气的时候不多。拖板车倒是力气活,可我也没干多久。现在干的誊写工作,用的只是手劲、眼力劲,都是巧劲。听说水泥管厂用的可是肩劲、腰劲,这可是真正的力气活呢,听说甚至要抡大锤的。

所幸,水泥管厂的人没让我上手试工。管事的人看我手上都是粗茧、脸上晒得乌黑,又各种证照齐全,立刻问我啥时候来上班。

就这样,我顺风顺水地到全民制企业水泥管厂来上班了。但那时候,我也有过挣扎,因为这个厂当时名声不是太好,"一种米饲百样人",听说有些工友是很有些故事的,我有点担心会被欺压啥的。

在水泥管厂上班，拥有全民制企业工人身份（1980年）

但是剃头担子哪能两头热呢？我知道天下没这么好的事，不能既要有全民编制，又要有好工友，还要离家近。

于是我认认真真地去上班了，我被分配到钢筋班。管事的人看我高中毕业，有上山下乡的劳动经验，能吃苦又有组织能力，面慈口甜，懂得将心比心，能对人好，于是让我担任了班长。

半年后的某一天，我准备带着全班的工友去福州学新技术，当年我们平时都是用手工电焊的，而去福州是要去学碰焊，就是用机器焊接，算是参加新技能培训。

走过厂区黑板报前，看到有人正围着黑板报，忧愁地踱着步打转转。我于是多看了几眼。我在鼓浪屿帮街道出过黑板报，出一期赚一元钱。

"小伙子，你会出黑板报吗？"一个干部模样的人，捕捉到我会心的微笑，立刻轻声细语地问我。

"会呀。"我坦坦荡荡地说。

"那来试试。"

试试就试试。

我拿出刻字的手劲儿、描眠床的功夫劲以及平时画画的老底，没一会儿，一个板书工整、插图漂亮的黑板报就在我手里诞生了。刊头图案、分隔线颜色漂亮，"好人好事""时事新闻"一目了然……

"真想不到，踏破铁鞋无觅处，得来全不费工夫。"

那位干部高兴得直揉眼睛。"原本以为在满是大老粗、卖力气活的工厂找不到这种人才，没想到这儿的人扛得起砖、绣得了花。"

"你是新来的吗？你在哪个工段干活？你现在要去干吗？"

一听说我要带工友去福州培训，这位我后来才知道是新到厂里任职的黄书记立刻说："这个安排其他人去，你来厂办报到吧。班长也不要干了，以后黑板报就归你负责了，这个是宣传阵地，是企业的喉舌，马虎不得啊。"

于是，在水泥管厂钢筋班工作半年后，我就从戴着面罩、拿着焊枪的工友变成了拿着粉笔和钢笔的机修车间干部（搞统计和政工）了。

没有以往想象中的走关系、送礼，也没有过五关斩六将，就这样，顺顺当当地，我从工人提干坐进了办公室。

当时先让我去做机修，搞政工、搞统计、出黑板报。这在1980年代就很时髦了，因为当时不管什么企业、学校都要出黑板报，还经常组织评比。

坐在敞亮的办公室里，我知道自己学历低，知识储备不足。于是，我像鹌鹑一样，低着头，只管专心学习、认真做事。然后，注重琢磨，把自己手上的活儿打磨得漂漂亮亮的，很受领导重用。

后来，我发现，工友们也非常爽快，干活干脆，人际关系简单。我突然又觉得，这样的工作环境，实在太舒适了。谁能想到，不久前在永定山区湖雷公社脸朝黄土背朝天、赤脚"修地球"的我，能有个全民制工人的身份呢？

脱了几分稚气，有了一点自信

那时能想到的，是哪一天能回到鼓浪屿，即使做一名扫大街的环卫工人，也是想得心肝儿疼的美事儿了。

命运，真是时时备有一个个小惊喜。而一直低头行走、努力做事的我幸运地捡到了。

由于我的表现不错，两年后我又被调到厂工会。

我们都是时代的种子，时代的风把我们吹向哪里，我们就奔向哪里。

1984年2月9日，邓小平为厦门经济特区题词："把经济特区办得更快些更好些。"1985年前后，改革开放的浪潮涌来，很多市政府的机关工作人员开始下海。因为当时机关没有奖金，企业有奖金，又出台政策鼓励下海，所以就有很多公务员踊跃下海了。有些人幸运地在海中遨游，成了商海能手；有的人因为才气与运气不足，不小心被"淹死"了；还有人到海里游了一段时间，又上岸了。

当然这些都是后话，但是当时机关只有干巴巴的工资，没有福利、奖金，实在是不被人看好，才会有那么多人想要下海到企业去。

像我爱人在罐头厂，她就经常有福利，比如冻骨头啥的，一斤两毛钱，十斤两块。这些都是机关干部没有的福利。（现在想来，真是三十年河东，三十年河西。）

当时厦门特区百业待兴，由于建设需要，建筑企业开始成长、壮大起来。市总工会新增建委工会，服务建筑行业。在发布公告征集人才时，我发现我条件刚好符合。当时到市总工会，属于平调，而且由于原来的厂效益好、奖金高，而市总工会只有干巴巴的工资，很多人打心底里不想去。

但是，市总工会在轮渡码头办公，离我家近，我不用再转车走很远的路，而水泥管厂在莲坂，属于郊区，交通不太方便。我家住在鼓浪屿西边，离码头很远，每天上坡下坡，都要靠脚（鼓浪屿上没有汽车），一年下来皮鞋都要穿破三四双。而从火车站到莲坂，坐个车，半小时都不止。每天花在上班路上的时间实在是太长了。

所以，别人一介绍说市总工会要招建委工会工作人员，我就壮着胆子去报名了。结果，我又被录用了。谁又能想到，十多年以后，市总工会变成参照公务员管理，我的身份又变成了公务员。

我后来感觉当时自己真的是有一股初生牛犊不怕虎，敢于向未知进发的精神。谁又能想到，1994年后公务员工资改革，工资又升了一大截。1996年机关工资翻番，与企业迅速拉开了差距，成了大家眼里的"香饽饽"。

现在，据说对很多年轻人来说，"宇宙的尽头是考公"。千百人争一个公务员岗位，已成常态。985、211高校毕业生也争着参加公务员选拔。

想想，我仅高中学历，不用考试就能轻松当上公务员，也是够幸运的了。

后来，当初的水泥管厂被大金龙收购，厂里效益不错，员工也都得到了善待，这是后话。但当时，我可是拼着少了收入、多了方便、节省了时间去的。只是因为市总工会办公的地方在轮渡现交通银行地址，离家近，不用转车。我从工厂调进政府部门与当时机关干部纷纷下海的大背景相比，真可算是"逆流"而上。当时家里还有不同的意见呢，母亲就一直劝我，"阿永（儿时乳名）呀，你千万要想清楚呀，不要到时后悔哟。这世上可没有后悔药啊"。

所以说，命运的转折，谁也不知道。

到市总工会工作后，由于我熟悉建筑企业工会工作，领导很是重用，当时的黄国彬主席看我为人踏实肯干、工作认真不推诿，很是器重我，多给我派了项工作，那就是写宣传稿。这可是件新活，一开始，我心里也有点慌，很没底。因为，我其实没有什么文化，虽然有高中文凭，但是当时上学更多的是学工学农学军，我深深地知道自己的水平。

但机会总是给有准备的人。其实在水泥管厂上班期间，因为办公室工作需要，从1981年9月1日起，我每天下班后就去参加厦门工人业余大学的写作班培训，至1982年1月结束，风雨无阻，修业期满，获得毕业证。

虽然我还缺乏实践经验，但是万事不是只要肯下功，就可以"铁杵磨成针"吗？我是个不服输的人。于是我暗下苦功。记得发表的第一篇文章，是1987年1月7日的《要为建筑工人搭鹊桥》，刊登于《建设报》上。那天我一蹦三尺高，嘴角都快咧到耳朵边。我偷偷地把报纸拿到走廊上，一遍遍地盯着报纸上"陈亚元"三个字傻笑，那份热情、那份专注仿佛可以把这三个字都烫穿直至融化似的。

因为，这意味着，以往拿锄头、拿画笔、拿焊枪、拿粉笔的手，现在真的是变成拿钢笔了，我成了名副其实的文化人了。（那个年代，胸前别一支钢笔，是文化人的象征。当然，如果戴上眼镜，这形象就更完整了。）

而后，这种文化人的定位，深深地影响了我。

我真心喜爱自己的这个身份，我渴望成为真正的文化人。我如饥似渴地学习、琢磨，不知疲倦地写稿、投稿，就像永二生产队那些埋头耕地的老牛，一遍遍地重复着，努力精耕细作。

功夫不负有心人。不久以后，我成为《厦门日报》的通讯员，成为《福建建设报》的记者，成为《中国市容报》特约记者。1988年1月17日，我在《厦门日报》上刊发了一篇《机构改革中值得注意的一个问题》，此篇文章主要是由于我看到一篇内刊提到某公司想把工会合并（工青妇合一）时产生的灵感，引起社会很大反响。

当时一篇文章刊发，稿费只有一两元，可是，由于我平时注意收集素材，出稿很快，而且，我很注意琢磨报社的定位、栏目设置的目的以及编者的爱好，特别是对发表出来的稿件的角度、用词和字数经常推敲，因此作品往往能很快发表。再加上我把发表文章做得像稿件计件工似的，带着一种执着的热情，每个月发了作品，积攒下来，也是一笔不错的收入。

一如既往地，我工作认真又踏实，文章虽只有豆腐块大小但胜在数量不少。记得有一段时间，我经常每天都能收到"双黄蛋"，如1987年1月7日在《福建建设报》上发表的《要为建筑工人搭鹊桥》外，还在另一版面刊登了《赞清洁女工》；1月21日又在《厦门特区工人报》刊登了《伞趣》，在《中国建设文摘》刊登了《象征性交费——弥勒的传说赏析》，很受领导肯定。

付出总会有收获，我成了有记者证的人

成了"专业"拿钢笔的人，我的内心骄傲而自信。

父亲在我的《机构改革中值得注意的一个问题》这篇文章发表后，板着脸，非常严肃地跟我说："孩子，我就是因为在'大鸣大放'中多说话因言获罪的，我吃的苦你也看到了，我不想你步我的后尘，言论要慎之又慎。"之后，我减少了言论的发表，但我还是积极地写通讯。报纸、广播、电视上，经常会出现我的名字，这对我是一种极大的鼓励。当然，很多人只看到我文章发表时的风光，没看到我碰了多少次壁、被退了多少次稿，没看到我琢磨版面、栏目花了多少时间，对素材的分门别类认真收集花了多少时间，在心里打了多少腹稿、做了多少笔记。

但其实这一切并不重要。重要的是，仅有高中学历的我，在公开刊物上发表了数百篇文章，这就是对我真正的褒扬。

吃得苦中苦，方为人上人。

人上人不敢说，可是苦中苦，对我来说，都是幸运降临的前兆。

由于父亲要求我每月 18.9 元的工资每一分钱都要上交，所以我的稿费就是我全部的零花钱。而当时，我一个月赚的稿费常常在 40～50 元，远远超过了工资。这些钱慢慢攒着，就成了我收藏的原始资本了。

到市总工会工作后，因为要跟全国各地工会互动，有一段时间，经常需要有人出差。出差在当时真是个苦差事，既没啥津贴，又要离家,另外还要窝在车厢里好长时间。那时绿皮火车上人满为患,座位下睡人、车厢架子上睡人,连厕所也挤满了人,车厢里更是人挤人,鱼龙混杂、乱七八糟。所以出差一方面没什么成就感,另一方面吃不好、睡不好,又苦又累,被许多同事视为畏途。

但对我来说,这都不算什么苦,有比被蚂蟥叮苦吗?有比被稻叶割苦吗?有比在炎热的夏天"双抢"(抢收、抢种)苦吗?

经过那炼狱般的上山下乡的打磨,我觉得,在城里的每一天都可以视为生在"乐土"了。

我开开心心地开启了我的出差生涯,做到不抱怨、快乐前行。

而不抱怨的生活除了馈赠给我一份工资外,更让我收获了一份惊喜。

4.如虎添翼

1986年12月18日,我出差去上海,记得那天到上海已是黄昏时分。那次是代表市总工会经济部带部分劳模到上海参观学习的。一起去的同事一到旅馆放下行李就跑去逛街了。尽管大家坐了六七个小时的绿皮火车,浑身都累得仿佛快散架了,可毕竟是大上海啊,十里洋场……那可不是当时的边陲小城厦门可比的(虽然当时厦门已被列入四大经济特区,但是经济远远没有腾飞,与北上相比,仍然有较大差距)。一入上海,大家看啥都两眼发光,因为那是比我们先进二三十年的繁华之地,是很多人向往之所在。一听说能到上海出差,很多亲属都会托着买这买那,衣服啦手表啦,记得当时最流行的是买大白兔软糖啥的……所以同事们及同行者,纷纷鸟儿般一出宾馆就直扑商场。

而我,因为手中没什么钱,另外,我并不喜欢购物,我更喜欢看书,于是我直奔书店。

好像因为初高中时书读得不够,现在努力弥补似的,我一拿到飘着墨香的书,就感觉心情像山一样稳下来、沉下来、静下来……翻开书,看到开心的地方,仿佛一阵清风拂过,心旷神怡;看到醒悟处,仿佛推开窗看到高空中的一轮明月,心宇澄明。所以,我视书为珍宝,因为这是我少年和青年时代可望而不可得的东西。

那天,我出了宾馆就直奔上海新华书店。那次,我淘到了我人生中的第一本好书,它的名字叫《中国钱币》杂志。看到它时,我觉得自己两眼放光、心潮澎湃。

因为当时我对书法很感兴趣,发现钱币上有各种字体,有行书、草书、篆书、楷书,特别是书中提及的古钱币崇宁通宝采用了宋徽宗亲笔字瘦金体,字体秀媚洒脱,运笔骏快,提按熟练,一气呵成,具有飘逸之美,一下子像磁石般吸引了我。

从25岁起立志收藏,40多年矢志不渝

当时,我对书法很感兴趣,自学隶书。1985年,我家楼下一个为人打墓碑的工匠经常找我写字,这个人小有名气,金门、安海等地的人经常来找他打墓碑。他懂得打墓碑但是不会写字,就找我写碑文,然后他再临摹出来。写一块碑文20元,在那个年代可不是小数目。当然写墓碑要求非常严谨,要根据逝者的生平、家庭关系来写,马虎不得。因为,这字刻下去就再也不能更改了。

所以,平时,我就经常琢磨古代字体,一看到《中国钱币》杂志有北宋的崇宁通宝,是瘦金体的,连钱币都有宋徽宗的亲笔字,我如获至宝。又看到钱币上有草书、行书、隶书、楷书等字体,就对历代的古钱币开始感兴趣。

机缘巧合,买回那本杂志后,我在思东路育兴商场门口发现了一个路边小摊,看到一位老人,当时他已经80多岁,很不起眼,但他有很多小东西,里面还有一些古币。老人也不怎么识货,也不怎么抬价,纯粹地把这看作一种营生,只要比收购价高点就可以。所以,他买来的钱币,买来时一块钱,卖出就一块二、一块五,只要有赚就好,不图暴利。这点很合我意,因为当时我要交工资给父亲,还要交钱给老婆养家,其实挺拮据的,即使按捺不住喜欢,也只能小打小闹。而思东里,正是我的福地,是我开启收藏之路的启蒙地。

虽然,现在看来,这个小摊实在是太不起眼了,可是适合的就是最好的。"有偌大①的脚,穿偌大的鞋",说的就是这个理。

就像做乞丐也要有"破碗"一样,做收藏,也要有工具。我的工具就是书。要做收藏,就要懂得历史,明白窍门,更要有图有真相,才不会被人哄着上当、交"智商税"。

为了收藏古钱币,我四处寻觅好书。为了买一套《古钱大辞典》和丁福保编写的《历代古钱图说》,我跑了很多处的书店,但是当时书店很难买到这种钱币书,因为读者太少了呀。所以,我一直

---

① 偌大:闽南语,意为多大。

买不到，很是烦恼。后来，听说厦门一位泉友要高价出让，我去看了又看，这本书当时标价才9元，上面有各种古钱币的图片、标注以及时下价格，等于给人最翔实的资料。我看了非常喜欢，只是对方开价要50元。因为我当时其他的钱都用于收藏了，工资也都上交了，手中的钱数了好几遍还是没超过10元，所以我很为难，眉头不展。我太太看我几天都不怎么说话、闷闷不乐的样子，就问我："你怎么啦？"我才把来龙去脉说了一遍。太太得知我一方面很喜欢那本钱币书，喜欢得抓心挠肝，因为真是很难买到这本书啊，我起码跑过10家书店了，错过这一村就没这一店了；另一方面，又觉得对方开价太高了，这钱相当于我好几个月的工资，家里有老人孩子，到处都要用钱，日子已经过得紧紧巴巴的，再加上我早已把一些私房钱换成了一些藏品，总不好意思为了买书断了奶粉钱吧。就这样子，那几天我为这本书寝食难安，仿佛害了相思病似的。看到我这心难安、意难平的样子，太太默默想了很久，然后抿了抿嘴，回了一趟娘家。回来后，她静静地掏出50元，说："既然是工具，再贵咱也买，你安心把这宝贝请回来吧！"立马帮我解决了一个大难题，让我喜不自禁。（后来的后来，我发现，这很像中国首善曹德旺当初想做生意时，妻子主动把嫁妆首饰卖掉，给他做生意的本钱一样。这样的女人都是有大智慧的，她们相信丈夫，愿意投资，也理应享受投资的收益。）

人都说，"好翁好某，同甘共苦"[①]，又说"行船靠掌舵，理家靠老某"，说的就是我家这种情形吧。

有了《历代古钱图说》，我如虎添翼、信心百倍。这书简直就是玩收藏的人的眼睛，它可以让我们知道钱币的价格，知道某个朝代出什么钱币，还可以清晰地看到钱币正面、背面的样子。这非常关

---

① 闽南语中，"翁"指丈夫，"某"指老婆。

《历代古钱图说》

键,相当于给我一双火眼金睛,别人再怎么造假,这图说仿佛照妖镜,一照真假立现。

收藏就是这样,真假很关键、年代很关键、批次很关键。有时候,一字之差、一点之差,价值就是云泥之别。

能买到这本书是我收藏生涯最大的幸运,有了它,我比别人少走了很多的弯路。

通过书,我还学到了很多钱币的知识,包括古钱币的历史、来龙去脉。我越看越觉得有意思,也越增强了收藏的信心。

当时是一周一休,每到休息的日子,我就异常兴奋,急急忙忙吃完早餐,坐着渡轮,就奔思东里而去。然后,泡在老人身边,一枚一枚地与老人探讨,合适的时候,就买上一两枚钱币回家。每次捏着放在口袋深处的钱币,我总觉得心里像藏着一个可以打开我快乐之门的物件,摸摸它、捏捏它,嘴角就忍不住咧开来。

那时候,若有人看到一个经常坐渡轮回鼓浪屿的人,眼里有光、独自傻笑,那个人可能就是我。

这种一到周末就奔古玩摊点的习惯,持续了很多年。我不追剧、不追星、不钓鱼、不"话仙",就喜欢一到周末就泡古玩摊,不管刮风下雨。

其实,那时根本也没古玩城,就只有一些玩家和卖家自发集聚。我还经常跑漳州、龙岩等地,有时一天要用掉半天时间去坐车、转车,看上一两个小时,然后打道回府,从天未亮到天黑,有时一丁点收获都没有,"捉着两条白鱼"①回家,当然偶尔也有个把收获。

常年的山区生活,让我懂得了怎样跟各类老乡打交道。伸手不打笑脸人,一支递过去的烟是最好的通行证,一张笑脸就是交朋友的见面礼。而我在不断的历练中,也越发沉稳,就像以前我在永二生产队天天开门就能见到的那座大山一样,有内涵、不激动、沉得住气。

我先主动跟那些摊友、泉友交朋友,先拉拉家常,做朋友,再请他们介绍一下他们的心头宝。听到那些天花乱坠的介绍,我不急也不恼,我知道这是生意人惯常的做法,很多人都是"江湖一支嘴,讲话胡累累"②。因此,我从不一头热地紧跟话题,让人听出我心里的热切、看出眼里的期盼。耐心听完介绍,我接着再说说途中见闻,再看看有没有人来谈生意。

由于古玩不是生活必需品,不能吃又不能喝的,那时有闲钱来玩的人其实很少,很多人也看不到其中的价值。所以摊主总是很寂寞,经常是门可罗雀。

---

① 捉着两条白鱼:闽南语,指两手空空。
② 胡累累:闽南语,指夸大其词、不着调。

有人说开古玩店是"三年不开张,开张吃三年",说的就是这个理。因为这是小众的生意,不是喜欢热闹的人能干的,更不是那些急急想要别人认可的人能做的,因为大家的素质不一、见识不一、眼光不一、目的也不一。所以做古玩、玩古玩最大的要求是要耐得住孤寂。

而我正是那种可以耐得住孤寂的人。

经过无言的幼年、无声的少年及苦熬的青年,我突然明白了,说得再漂亮不如做得漂亮。所以,我可以静静地做一天事都不开口。我也可以待在摊主旁,静静地看着他忙东忙西却不无聊。一般是等到已经快尬聊了、准备打烊了、摊主觉得没希望做我生意时,我突然想了又想,做出照顾摊主生意的样子,给原本看中的物品,开了一个自己认为可以沾边但没啥利润的低价。这时摊主仿佛拨开乌云见日出,忙了半天终于有机会开张了,很激动,但又因没啥利润,所以又是惋惜又是无奈,就像鸡肋,食之无味,弃之可惜。就在他挣扎之间,我适时地又加了一点点甜头,于是摊主就这样把我视为知己了,爽快地卖给我,并表示有好货一定替我留着,因为我是识货人,因为我照顾他的生意啊。

当然,暗戳戳地,在摊主忙活的时候,我已悄悄地拿《历代古钱图说》这枚照妖镜对照过一遍,保证货真价实才出手。我前期一直专注于古钱币收藏,凭的宝物就是手中《历代古钱图说》一书。

这本书就是我收藏路上最实用的工具。

三

伉俪情深

就这样,我乐此不疲,一头钻进古钱币收藏这个蜜缸里。就像一个狂热追糖吃的孩子,拿着《历代古钱图说》这本书,四处寻寻觅觅。

我把所有的业余时间都用来跑收藏,厦门东渡、万寿、泉州、漳州、福州……四处跑。我还广交泉友,我特地找人买了一本《收藏者通讯录》,便于联系。这些收藏者后来大多都成为我最深交的朋友,也是最长久和最可信赖的朋友,半个世纪相伴相随。后来,经常有人打电话跟我交流,互相探讨钱币的品相如何、面值多少、价值怎样……这样我的信息越来越多,视野越来越开阔,藏品越来越多,收藏也越来越上手、越来越有心得。

我的泉友很多,只要通讯录上有地址的,我都会主动写信过去,请教他们。一封不行就写两封,两封不行就三封。北京的徐枫、赵隆业,上海的马定祥、余榴梁,台湾的张明泉、陈鸿彬、陈鸿禧、纪敏三、蔡进益……这些前辈好友都给了我力量。他们不仅给我回了信,还有藏品交易和互动。我从他们身上学习到了很多。同时也很开心,有天南海北的泉友交流着,感觉自己的收藏之路也没那么孤单了。

记得1993年,内蒙古泉友带来一枚辽钱"统和元宝",当时我用二十枚古币(包括大清宣统三年壹圆、湖北光绪元宝及江南省造七钱二分)换之。由于我收藏南方钱币比较多,对其比较了解,但对北方钱币一无所知,所以求教于广东省博物馆馆长王贵忱老师。他热心地教我怎么看北方钱币,使我在钱币收藏方面奠定了坚实基础。

可以说,几乎我的半辈子时间,都在跟这些泉友打交道。有一次,漳州有一位老泉友,有一枚"开元通宝"背星的大铁钱,我为这枚大铁钱,两个月跑了漳州六七次,坚持不懈。最后一次到达时,当天气温近40摄氏度,这位老泉友看我满身大汗地出现在他面前,想到我一次次地带着礼物去找他,很是感动。最后他说:"我实在是舍不得这枚铁钱,但我也舍不得看你继续这样跑下去。算了,看你这么喜欢它,相信你一定会好好地爱惜它的。"他按原价把铁钱让给我,收完钱交完货后,就立马把我推出门外关上门。一开始我一头雾水,很是难过。门后,他解释说:"我怕你多待一分钟,我就会后悔。"

我喜滋滋地赶紧回家,高兴得像娶了新嫁娘,每天睡觉前都要打开看看、摸摸,醒来后,也要先摸摸、看看,真正是爱不释手、百看不厌,害得我太太都有点吃醋了。

但其实,我的太太是个性格很好的人。

我的太太名叫袁若虹,厦门人。她个子不高,但很能干,原来在厦门罐头厂上班。

我们的相识也很有趣。当初我高中毕业后,留在道仁大队碾米厂工作时,只有我和父亲留在永二生产队,而母亲和妹妹先回到厦门当保姆。她们到的是著名的中国科学院院士、厦门大学化学教授蔡启瑞[1]家。我经常给母亲写信,说些家事,报告平安,表达

---

[1] 蔡启瑞:物理化学家、化学教育家,中国科学院院士,中国催化化学主要奠基人之一。1914年1月生于同安马巷镇。获美国俄亥俄州立大学化学博士学位,1978—1982年任厦门大学副校长,1980年当选中国科学院化学部学部委员(院士),先后任国际催化大会理事等,获教育部科技进步奖一等奖,享年104岁。

遇到若虹，是我的幸运

思念。信都寄到蔡教授家里。蔡教授夫人陈金銮老师，看我字写得漂亮，然后听我母亲介绍我写信的内容，觉得我非常懂事、孝顺和上进，很是喜欢我。就问我母亲说："我在演武小学有一个同事邱美莲，她家姑娘比你家亚元小两岁，名叫若虹，女孩性格温和乖巧，还很能干，你看要不要给你儿子介绍一下？我看亚元很懂事、上进，这样的人值得托付。"母亲说："年轻人的事让年轻人自己定吧。"当时因为有小芳，我和若虹并没有联系。

1978年10月，我结束上山下乡，回到鼓浪屿。蔡启瑞夫人知道我和初恋小芳已经分手后，就在厦大大会堂帮忙买票请我和若虹看电影。1980年2月，我真正认识了若虹。最初认识的时候，我就把一穷二白的家底都告诉了若虹，但她一点都没介意，她说："现在谁家不是这样？只要人好，肯努力就行。"

我是不幸的，又是幸运的。我有幸在一穷二白、贫瘠困苦的青少年时代遇到暖心的初恋。我又不幸遇到了知青返乡，为返乡与初恋生离。我幸运的是最后遇到了知冷知热,不离不弃的爱人,携手走过数十年的风风雨雨,举案齐眉,共唱"家和万事兴"。此间,有几段文字记录心底的波澜。

爱情在我心里,也许还没有完全熄灭
但是,让它不要再惊动你吧!
我怀着绝望的心情默默地
无言地爱着你。

——《我曾经爱过你》1979 年 8 月前

春意盎然为何愁,
往事惊心泪欲流。
何日天戈命竟明,
孤单黑夜渡零丁。

——《春愁》1979 年 9 月

风推浪涌苍茫海天
何等广阔无垠的空间
啊,我来了,迎着海风
乘风破浪,驶向我向往已久——
宝珠塔,多久了,我想念你
因此,尽管是一片树叶般的小船
我心头却有一架最精确的罗盘

吞尽八千重如峰的浪
越过九万架波涛的山
你好啊,珊瑚、深航、金银、甘泉……

感谢你,站在塔旁迎接了我
用母亲温暖的手臂
父亲谦和的容颜

难道你不是生我养我的家园
一切似乎有些陌生却又何等熟稔
收下吧,我们满怀豪情、满腔誓言
宝珠塔,我知道——
在你记忆里,有甜蜜,也有辛酸
而我和我的人却只有羞愧

我们记住你的历史
记住过去,便会更爱明天
明天啊,誓言让这奔腾的海
永远化作欢歌一片
今天,在这小小宝珠塔上
望着祖国漫无涯际的火海
我忽然看见我曾慕名的爱国人士陈嘉庚
啊,我的生命中千山万水哟
你们是否还记住我和当年岁月
——有风霜,有阳光

今天,我该有快乐的梦了
因为它们重新一一洗过我枕巾
使我想起时间、空间、人生和我自己

祖国哟,多么妖娆,多么壮丽而奇幻

骄傲吧,中华儿女,你的血,你的汗
生活,有谁比我们更令人艳羡
建设它,保卫它,且看明天!

1981 年 2 月 10 日夜

阿虹(1981 年)

我与阿虹建立情感联系后,立刻觉得这个女孩真的不错,不攀高看低,而且坦白直率、不遮遮掩掩。我特地把我初恋的故事告诉了若虹,她也很大方地说:"那个时候,你也不知道能回厦门。男大当婚、女大当嫁,这很正常。只要以后一心一意就行。"

迄今她还保存着 40 年前我给她的情书:

40多年前写给妻子的情书

亲爱的阿虹：

　　你好！

　　当我提起笔来，夜已是深了。由于我的心情久久不能平静，使我夜不能寐，我想把自己一颗真诚的心向你倾吐，我也不知道是什么一股巨大的冲劲，又激起我内心深处埋藏已久的欲望……

记得我们俩几次当面的相会,就像那潮水冲开了我记忆的闸门,一浪高似一浪,久久难以平息。啊!亲爱的,莫非我的沉默被你误解为责备和怨恨?请原谅我,我不太会说话,是因为这几年我习惯于沉默,你一定是会谅解的。

　　你那纯洁无瑕的内心世界,使我佩服和赞扬。你时常担心和忧虑的是:'今处在临时工',请你别再忧虑吧!虽然爱情要建立在经济基础上,但是俩人同心合力,我看一定会幸福的!你性格是多么温和、柔顺,生活上是淳朴、诚实的少女,尤其是健康的思想,吸引住我艳美的眼睛,我不能没有你,明月星辰,就要失去光明,鲜花碧叶,就要失去光彩,那么一个没有胸怀壮志的年轻生命,还有什么存在于世界的必要呢?

　　请你相信我。"我爱你,我会给你幸福,给你一切。"请记住吧,这是我一颗善良真诚的心,我不愿像蝴蝶一样飞出乱拈花朵而已!寂静的深夜,只有滔滔的浪声,我还有很多要写,但一言难尽,这是我们俩半年以来相处,我第一次冒昧写信给你,请你大胆爱我!因时间关系到此搁笔。

　　顺祝

　　安好! 不尽的吻你!

陈亚元
一九八一年三月十六夜

　　相处两年后,我确认这是可以和我一起过日子的人,是不论贫穷富贵,都可以相依相靠的女人。"两人没相嫌,糙米煮饭也会黏。"①我与太太若虹就是这样的。

---

① 相嫌:闽南语,意为互相嫌弃。

1982年5月1日，我和若虹在鼓浪屿28号2楼结婚了，当时房子很小，才四五十平方米，但是我已经很满足了，因为，我有了自己的家，有了爱人若虹。

从此，一房两人三餐四季不分离(1982年5月)

　　1983年2月1日，大女儿出生。大女儿出生刚满周岁时，我们发现孩子和别人不一样，走路一拐一拐的，样子怪怪的。亲戚朋友们都建议赶紧做手术矫正。我和若虹赶紧把孩子送到第一医院骨科，当时接诊的李医生没经验，以最原始的手法，进行蛙式矫正，结果造成孩子髋关节脱位，后来又小腿骨折，很是折腾。

当时，若虹与我都很年轻，遇到这样的事情，需要花一大笔医疗费，家里实在是捉襟见肘，一点余钱都没有。若虹很苦恼，却也没说什么，只是暗暗垂泪。我自己也很煎熬，夜夜难以入眠。

因为，我除了视若生命的几件藏品外，什么也没有。

为了救孩子，我忍痛把手中的1953年黑拾元人民币以原价1000元出售了，换来女儿的手术费。而这些黑拾元，现在市价是全品相每张20万元以上。

但我不后悔，因为这是我自愿的，这不是老婆逼的，这是我的责任所在。若虹在困难面前，非常忍耐，没有一直劝我卖藏品。她知道这些藏品是我的心头肉，是我心尖尖上的东西。但她也知道，即使我把藏品视若生命，但家人在我心中，是比藏品更珍贵的东西。

大女儿出生9年后，由于医疗事故，经批准，上级准许我再生一个孩子，这才有了我的小儿子，小儿子于1993年5月11日出生。

我很感谢我太太，她一直都是温温和和的。

她懂得我，这一点很重要。她从不逼我，也不随意干涉我。

她和我一样，话不多，喜欢安静地做事。这是我最喜欢的一点。在我痴迷收藏的时候，她也不因为家里经济周转不过来而怨天尤人。

或许人生就是有缘的人聚一起。我特别喜欢太太安静做事的样子，也喜欢她荣辱不惊的样子。

1996年，市总工会自建房屋，我们分到了傅厝巷60多平方米的两房，随着儿子女儿长大，我们在2005年买了霞溪路的房子。不管住到哪里，太太都把房子收拾得干干净净的。

2002年退休后，我经常在家里接待客人，有记者、学者，有泉友、笔友、老乡。每当我与客人高谈阔论时，太太总是安安静静地做事，端茶送水、及时补台、适时出现，帮我找出我所需要的东西，让我觉得很贴心。不需要她出现时她就是透明人，需要她出现时她就是救火队,让我觉得我和她真的是精神伴侣。

其实太太不仅是我的爱人,还是我的得力助手。她看着不言不语,但记性超好、动作麻利,我的许多藏品经常需要保养,太太总是细心、精心地保养。即使有很长一段时间,她根本看不出我收藏的这些东西有什么价值。

她还是我的精神导师。偶尔收藏时郁闷了、不被人理解、被人误会了,我闷闷不乐、无精打采时,她总劝我:"你收藏的目的是啥呢?不就是找乐子吗?如果是找气受,那就不要去折腾了,又要花钱又要花时间。"

真是一语惊醒梦中人,于是我的心情就好了起来。

我知道,我不能强求别人,但我可以开解自己。这日子是自己过的,收藏也是自己想要的,不被理解很正常,我又何必为不理解我的人花心思、浪费好心情呢?

太太还是我最坚定的支持者。收藏一段时间后,我立下宏愿,要给自己的个人藏品办展览、出书。这些在别人眼里,简直是痴人说梦。因为办展、出书都要钱,而我,一个挣工资、没家底、学识不高的人,还想出书、办展?

但太太从不打击我,她坚信我可以做到。她说,今年不行,还有明年。现在不行,还有以后呢。

偶尔藏品没赚到钱,或者亏了,我很郁闷、难受时,她也会安慰我说:"仙人打鼓有时错,脚步行差谁人无?"这让我心里没了负担,能够轻装上阵。

在她的乐观引领下,我们家的家庭氛围很好,我们有商有量,很少互相抱怨和指责。而我虽然痴迷收藏,却从不因收藏影响家庭生活,反而以藏养藏,不断改善家庭生活。我认为,我虽然想要达成个人心愿,但也不能因此让家里没米下锅、老婆没钱买化妆品、孩子没钱买零食。我觉得,正常的人生就不该走火入魔。贪嗔痴,都是病,凡事要适可而止,收藏也一样。

我认识一个"80后"的小伙,小伙子有才能、有眼光、有热情,藏品也很有价值,只是太痴迷,把钱都投进去,至今都没有自己的房子。

所以,我很理解收藏者家属的心情。

太太还是个大度的人,1998年我的初恋小芳来厦门找我,我带小芳四处逛逛,太太还亲自下厨炒菜,接待小芳。即使成家后,父亲要求我把所有工资上交,太太也没说半句闲话,只把她自己能调度的钱用好、料理好家里的三餐。

而平时,我走四方寻收藏,经常不着家,都是太太认认真真地帮我守好后方——教养孩子、照顾老人、打扫房间、添置物品。如果没有太太的大力支持,我根本完成不了我的"收藏大业"。

更何况,即使在经济拮据时,太太对我一掷千金去买藏品,也从不干涉。如果她强行干涉,也许就不会有那么多藏品在我身边。

她的信任与爱、理解与懂,一直都陪伴着我。

我觉得,虽然我藏品上万,价值不可估量,但太太若虹,是我今生最爱的藏品,是最值得终身收藏的藏品。

闽南人常说:"做到坏田望后冬,娶到歹某一世人。"①很庆幸,我娶到贤妻,所以一辈子幸福相随。

感谢媒人——蔡启瑞院士夫人陈金銮老师!

言出必行,有诺必践。获得金钱和时间的自由后,我立即着手去实现带着家人访名川大山的诺言。2021年,我携太太游览祖国名胜名迹,先后去了新疆、西藏、甘肃和青海,通过游山玩水不断开阔视野。这是我送给太太的礼物,也是送给我自己的礼物。

人生苦尽甘来,青少年时的梦想一一变成了现实。踏遍万水千山,而我的身边,永远是那个年轻时陪我吃过苦的人。

---

① 后冬:后一年。某:老婆。一世人:一辈子。

2021 年 9 月 15 日,在甘肃鸣沙山骑骆驼

2021 年 9 月 12 日,在"高原蓝宝石"——青海湖

四

分享快乐

如果有人说,我收藏是为了赚更多的钱,我是绝对不会否认的。因为,最初的目的确实是这样的。而且,我也确实因为收藏赚到了钱。

2005年1月,有位福建古田人拿几张票贴到白鹭洲古玩城卖。当时没人懂,大家不知道这是啥东西。这人刚好问到永强钱币店。当时老板小吕也不懂,他打电话问我,有一枚永丰官局咸丰年面值600文的钱票,是否有收藏价值?我一听是好东西,赶紧让他买下来,而后小吕高价全部卖给了我。由于经济需要周转,我立刻联系泉友,把其中的一张转卖出去,对方听了也非常感兴趣,我仅单张就赚了一万元……而后,其他的我一直收藏着,后来,我和福州大学刘敬扬教授还根据这张实物合写了《福建永丰官银钱局述略》,得到中国钱币学会第四届优秀学术成果金泉奖。这是我获利最多的单笔收藏。

而整批次获利最丰厚的收藏说来话长。因为收藏需要,我广交朋友,上至学者记者、下至车夫摊主,而且我自己也拉过板车、踩过脱谷机、画过眠床屏风,所以,我对各类人物都很尊敬,大家同样讨生活,各有各的不容易。因为受到尊重,所以他们也很开心地和我交朋友。

2006年的某一天,有一个在鼓浪屿拉板车的朋友给我打电

永丰官局钱票,现在已升值至每张 25 万元

话,说有几板车的废纸要回炉重造,问我要不要。我一听是从银行地下金库弄出来的东西,顾不得吃饭,就从思北狂奔鼓浪屿而去。

到了以后,了解到的情况是这样的:华侨银行在重新装修过程中,发现地下室中藏有一间密室。密室由德国制铁门把守。请来的工匠们费了几个月的时间,才终于突破铁门进入其中。进入密室后,大家并没有发现臆想中的金银财宝,只有一些银行账本,还有十个左右积灰藏垢脏兮兮的大麻袋。

打开麻袋一看,里面装的是民国时期至新中国成立初期华侨银行的各种票据和票证。这些票据和票证被发现之后,华侨银行曾与相关的文物、档案部门联系,希望捐出这批资料。结果是不断被有关部门以"太脏""像垃圾"为由拒绝。无奈之下,这批资料只得被售与收破烂者,并拟运到漳州回炉造纸。

当时拉板车人中有个比较有文化的人,看到后就立刻想到我,想让我鉴定一下价值。

"溜溜瞅瞅,吃二蕊目瞅。"①看我狂奔过去,大汗淋漓,看到票据眼睛瞬间一亮的样子,那些看四方客的人就秒懂了。他们开出了个高价——5万元。

5万元,我根本没有,但我也看不得这么珍贵的东西直接被浪费掉。于是我打电话给一个在鼓浪屿做私人收藏的台湾人洪明章,他一听,立马让我指挥拉板车的人把几板车东西送到他家,找他拿钱。

看着同样做收藏的洪老板欢天喜地地把票据搬回家里那喜滋滋的模样,我很惆怅地往码头方向走,看起来,我是白忙活一场,全给人家做嫁衣了,我很难过地摸着自己空空的肚子,边踢着个小石子玩,边拖拉着步伐往码头走去。结果,还没到码头,那几位拉板车的朋友又打电话跟我说,除被买走的那几板车外,他们还有三小麻袋,只要1万元。

我立刻百米冲刺返回,在地下室一个不起眼的地方,真的找到了三小麻袋,打开一看全是1930年代到新中国成立后华侨银行的票据。我跟他们讨价还价,最后用8000元买下了三小麻袋票证。

这就是刚刚出版的《民国厦门老票据解读》的主要来源。这批收藏让我获利最丰厚,它还帮我打开了收藏的另一扇窗——票据收藏。

---

① 吃二蕊目瞅:闽南语,意为靠两只眼睛。

民国二十年（1931年）新加坡华侨银行汇厦门华侨银行100元汇票

民国十九年（1930年）厦门电灯电力有限公司电费收条

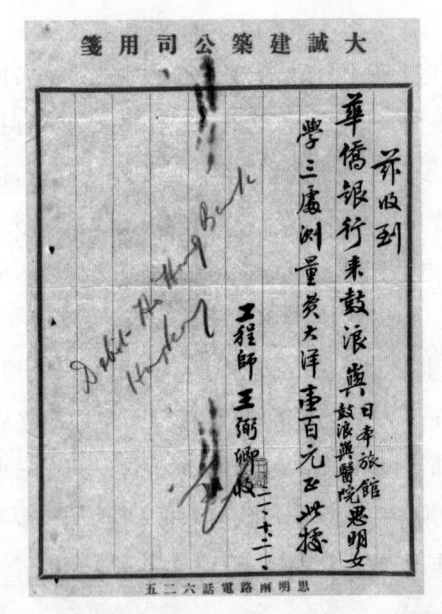

民国二十一年（1932年）大诚建筑公司王弼卿收三处测量费100元收据

此次经历让我深刻地体会到"赠人玫瑰,手有余香"的意义,使我更加学会分享,打破收藏之"私"——私有、私藏、私享。

　　越分享,越幸运。越幸运,越快乐!这是我收藏之路的最深体会!

五

收藏故事

1. 最风光的收藏

1990年5月,在厦门市工人文化宫举办个人收藏展,是我收藏生涯中的高光时刻,也让我更加坚定收藏的决心。它帮我认识了很多收藏界的朋友和领导,拓宽了我的眼界,从而使我能够不断深入收藏之海。这是我收藏最风光的时刻之一,它帮我重新定位、重新启航。

我刚做收藏的时候,认识了一位好朋友,他叫陈杰民,是画水彩画的。他跟我说:"亚元啊,做艺术的、玩收藏的,人生就该有两个目标,一个是举办个人展览,一个是出书,这是体现个人艺术作为最重要的事情了。"

我当时还年轻,懵懵懂懂。我手中是有不少好货,像大明通行宝钞、大清宝钞等等,但是办展览、出书这些都是要钱的,我手中的钱不多,要精打细算花在刀刃上。所以,一时半会儿根本不可能用来出书办展的。

不过,我当时心里也暗暗地想,"收藏"不是藏私,不能"衣锦夜行"。收藏的物品也不仅仅是个人物品,它是人类智慧的结晶,特别是某些孤品、珍品,如果仅仅留在收藏者手中,不能被更多的人看到,某种意义上也是"明珠暗投",无法大放光彩。我要做一个有大胸怀的人,把藏品之珍、之稀拿出来与大家一起分享,让更多的人见见真品、开开眼界,知道老祖宗的聪明才智,共同挖掘其特别的价值。像我这种专心搞收藏的,到一定程度也应该办一次展览,来呈现我的收藏成果,把我怎么做收藏以及收藏的好东西展示给大家。如果将来能再出一本书,就更完美了。

抱着这样的想法,我积极地丰富藏品,分门分类,做了很久的准备。

1990年5月1日,"陈亚元古今钱币展"在厦门市工人文化宫(现厦门市公安局所在地)举办,轰动一时。展会上有上至几万年前的"贝币",下至最新出版的人民币,种类繁多,有贝、银、铜、纸币等,一共一千三百多件,厦门电视台、厦门日报社都一一做了报道,厦门市副市长张可同、总工会主席陈垂康剪彩开幕,参观者达3万人左右,实现了我的第一个愿望。

当时的厦门日报社派出记者卢志明撰写了《"泉"中有趣 趣如"泉"——记古钱币收藏爱好者陈亚元》,对我褒扬有加。后来记者江曙曜[①]还写了一篇让我至今印象深刻的文章——《厦门最有"钱"的人》,这个"钱"打着引号,因为他认为我收藏了这么多种类的"钱",是个真正有"钱"人。

举办这个展览,在当时是非常新鲜而时髦的事。因为很多搞收藏的人,都遮遮掩掩,担心被人偷偷盯上,或是担心个别有"红眼病"的人会眼红。而我则觉得,收藏不仅仅是为了保存历史、实现增值,更应当与大家一起分享藏品、见证藏品,这才真正有意义。毕竟独乐乐不如众乐乐。

在我这种开阔胸襟感染下,许多单位都主动来支持,有的支持

---

① 后来任中共厦门市委宣传部副部长,厦门日报社党委书记、社长。

第一次展览，帮我开启了一扇新的门

布展，有的支持会务，有的支持人力，特别是建委工会下属的企业工会，都主动来帮忙。所以，别人以为办展要花很多钱，其实我基本上没花钱，展厅是市总工会提供的，当时的陈垂康主席非常支持，分管工会的副市长张可同更是觉得职工能在业余时间搞收藏，保存厦门地方历史，弘扬中华优秀传统文化，实在是值得表扬。

展览的效果也很好，每天参观的人络绎不绝，厦门人、漳州人、福州人、广州人……都慕名而来。我自己还特地邀请了一些北方城市的人来。因为，在我们五千年的历史中，货币在推动经济发展、促进货物流通中起到很好的作用。北方的城市有春秋战国时期的刀币、布币，但是我展览中的布币就很少。而我收藏的很多南方钱币有独特的意义，也弥补了北方钱币收藏中的不足。

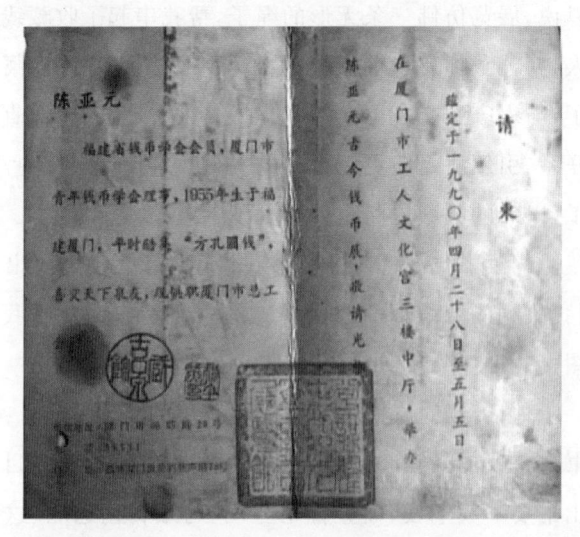

越分享越幸运，是这次展览给我的最大感受

通过展览及与泉友的交流，我开始重新定位，我确定了要凸显地方特色，收藏有地方特色的银行票据，收藏福建特别是加盖有"厦门"两个字的银行票。福建银行加盖"厦门"印章的各种纸币很少，其中福建银行创办于1911年，是福建官银行改组而成的，是福建省政府的地方银行，它发行的纸币有3套8种版别。当时大家都认为是9种，其实是8种，第一套面额有1元、5元、10元，叫作"美钞版"，第二套和第三套叫作"无印刷厂"版，有"楷书版"和"隶书版"之分，"楷书版"正面主图左边为福州罗星塔，右边为马尾福建船政后学堂，"隶书版"正面是厦门将军祠牌坊。

我还收藏有中国通商银行、福建银行、中南银行（鼓浪屿侨商黄奕住办的银行）加盖"厦门"印章的银行票。

这次展出反响之大、收获之丰是我根本想不到的，通过展览把感兴趣的、有心得的专家学者、记者及相关联人物都集合在了一起。

可以说，展览仿佛一条无形的绳子，帮我串起了收藏线上方方面面的人物，让我拥有以前根本想象不到的资源。我收藏的藏品更丰富了，与大家的交流更直接了。许多人看完展览后，直接或间接跟我联系，引领我走向更宽更广的平台。这使我效率更高，也更有信心了，以后的收藏之路也就更顺了。

市政协的洪卜仁[①]就直接联系我说，厦门市政协要出一套丛书，看到我收藏的纸币不少，他就想在政协系列丛书中帮我出部纸币专项图书。

我一听这话，当时真是激动得想哭。

出书也是我的一大心愿，而且自以为是遥不可及的目标。因为当时出书要一大笔钱，而且像书号啊、与编辑沟通啊，这些我都一窍不通。而现在，我只要提供实物，洪老他们会帮忙组织、编辑，也不用我掏半分钱，这简直是太幸福了。我只是把平时积累的实物及手稿交给洪老，上面标注什么银行发行的、什么时候、发行几种面值等等内容，他们就编好了一本《厦门货币图录》送给我，完成了我出书的心愿。

而且不少档案馆也主动找到我，因为他们发现，我的藏品里都是宝，可以弥补馆藏不足，更可以向前推动馆藏历史，所以积极联系我。后来，我捐赠了明朝万历年间福建汀州府归户由帖及一些地契给厦门市档案馆。他们非常感谢，因为我的捐赠物品使其馆藏纸质档案的年限上延了一百多年，他们特地给我颁发了捐赠证书。

应福建省档案馆、福建革命军事馆、厦门市档案馆、厦门市图书馆、厦门市华侨博物院、陈嘉庚纪念馆、厦门市总工会、思明区档

[①] 洪老先生是厦门文史专家，被称为厦门的"活字典"。在厦门地方文献的搜集整理和开发利用以及地方史的研究等方面积累了丰富的经验。

案馆、泰宁县档案馆及其他一些单位要求,我把部分藏品或有偿或无偿交给档案馆,丰富他们的收藏。2021年、2022年,我两次向美国哥伦比亚大学东亚图书馆捐赠书籍。

我非常开心,为完成展览这一大心愿,也为展览取得这么好的成效。通过展览,我也顺带完成了出书的心愿,真是一举两得。

最重要的,它帮我打开了收藏的视野,扩大了藏友交流的范围,让我得以进入藏家、专业部门的视线,以后跟他们的合作就变得水到渠成。

付出总有收获,打开胸襟,就能收获更大的惊喜。

2.最惨痛的收藏

收藏,仿佛是走暗路。

虽然我带着照妖镜《历代古钱图说》,且自以为带着火眼金睛,可是,"常在河边走,哪有不湿鞋",总免不了有走眼的时候,特别是被利润蒙蔽了眼睛的时候。

虽然我一直是小心再小心,但"吃过眼药"(买到假货)是收藏的必经之路。

1990年代左右,我和朋友经常去福州五四路古玩市场。那里有一个很大的旧货市场,里面的东西非常多、货物也很丰富。以前每次去,我都买上不少东西回来,也都能赚点钱。

那时候,我主要玩纸币、玩票帖(票帖是那种私人钱庄开的支票)。

记得2004年6月5日,我去福州开福建省钱币会议,闲余时间到五四路古玩市场。我逛着逛着,突然发现有几张道光十二年延顺票帖,这算是年代很早的,我当时心里高兴得不行。对方当时开口一张2000元。我心里盘算着,这个品相的这种票帖一张可以卖 3000～4000 元，便窃喜不已，心想"赚了赚了，赚翻了"。我怕对方后悔，急急忙忙一口气买了 6 张，讨价还价付了 10000 元，然后，立马转身就赶回酒店，担心下一秒，对方会提价或是反悔了。一路上，心"扑通扑通"直跳，美滋滋的，觉得这次太有赚头了，连看到路边剪得四四方方丑得出奇的榕树也觉得比来时顺眼多了。

回到酒店，心跳没得那么快，也不用再担心卖主反悔了。我就认认真真地把票帖拿出来，仔仔细细地从头到尾、从左到右欣赏一番。嗯，还是那么的完美！喜滋滋地看完想洗手时，才发现摸过盖章地方的手，居然变成红色的。

我怔住了——仔细一看，这些清道光年间延顺空白票是真的，但内容却是临时填进去的。

我赶紧飞一般回过头去找卖家。结果什么踪影都没有，人家早就溜走了，只剩下空空的场地。而那被狠狠砍齐的榕树，仿佛也在嘲笑我刚刚被狠狠地砍过一刀似的。

那次回到厦门，我不再像以前一样，像个得胜将军般雄赳赳气昂昂了，而是像一只瘟鸡，垂头丧气、无精打采。

这件事对我打击很大，那些天我觉也睡不好，饭也吃不香，回来也不敢跟太太讲。最后，以一张 400 元的价格把这些烫手山芋全部出手后，我终于长长地出了一口气，眉眼也舒展了一点。

那次真是损失惨重，净亏了 7000 元，还有好几个月的担惊受怕。

后来，我认真地总结了经验，那就是：玩收藏，绝对不能贪。

因为，平时买票帖，我都是一张两张地买，即使买到假的，也不至于如此损失惨重。而这一次，我一口气买了 6 张，还担心别人反悔，赶紧跑回酒店。如果不是因为贪心的话，我现场多检查几遍，应该是可以发现破绽的。

闽南俗话说得好,"吃紧弄破碗"①,说的就是我;"贪烧烫到嘴"②,说的也是我。

这是我收藏过程中最惨痛的教训。

过后,我再也不贪多、贪快了。

收藏,本就该慢工出细活。

有多大本事干多大活,没有金刚钻莫揽瓷器活,收藏最需要时间慢慢积累。

看看那些干活快得像追风的人,有几个能最后得以稳降和善终的?

3.最可气的收藏

1980年代,收藏渠道很少,本地收藏队伍都是以物易物,比如你有康熙通宝,我有乾隆通宝,大家互相交换,但这种换法也有后遗症,比如有人后悔就会扯皮,比较烦人。

后来,我就决定用钱来交易,价钱大家当面敲定,货款立刻两清。这样,就减少了扯皮机会。

当时外省的交易我都会用挂号信,到邮局排队转款。当时可没微信、支付宝啥的,不像现在这么方便,可以拍照片发视频直接对话,只要手指轻轻一按,就可以把钱转出去。那时候,北京、上海那边的藏家把他的泉品夹在挂号信里寄过来。当时的藏品有的几十元、有的上百元,相对于工资来说,是很贵的。我们互相不认识,但大家都很讲信用。东西寄到后,如果我需要,就到邮局汇款给对方;如果不需要,就重新挂号寄回去。那个时候,因为我在市总工

---

① 紧:闽南语,意为快。
② 烧:闽南语,意为热、烫。

会上班,是公家单位,大家还是比较信任我的。而我自己,一直很守信誉,所以合作很愉快也很持久。

当然,其中,也发生了一件不愉快的事。有一次,有一个四川的泉友说给我寄了两枚银圆,我收到信一打开却发现没有银圆,就立刻告诉对方,可那位泉友根本不相信没有银圆,以为我收到却谎报、不承认,双方闹得很不愉快。

结果,在人和路老杨店里,我发现了这两枚失踪的银圆,因为那两枚银圆标识非常清晰,而寄售银圆的人正是邮局的工作人员,以他的收入根本不可能会有银圆,当时一枚银币要好几百元,而且这两枚银圆的品相和年份跟四川泉说的一模一样。

因为我在市总工会工作,于是我就通过市邮政工会去了解。后来确定了,是这名邮递员发现信特别鼓,就私自把信拆开,把里面的银圆拿走,又把信封上,这才导致了我与泉友之间的误会。我很生气,一开始决定报警,后来在邮政工会熟人说和下,只要求对方退回银圆。听说那名邮递员后来也因为赌博离开了工作岗位。

我收到银圆后,第一时间写信向四川的泉友说明情况,一场误会解开后,我们仍然是好朋友,只是交往就没有以前那么密切了。这件事仿佛一根针,针眼虽小,但被它扎到后疼痛的感觉令人记忆犹新。

当然,后来就再也没发生那样的事了。

4.最吓人的收藏

除了与外省的藏友交流外,我还会到省内的一些古玩市场淘宝。八九十年代,我就经常到漳州古玩市场,那个地点就在战备桥附近的园圃。那时候的古玩市场都是早集,每个星期天上午六七点开始,不到中午就散了。我每次要去,天没亮就得起床,赶到滨南长途汽车站坐最早的六点多的一班车,下了车还要坐摩的,如果顺顺当当去了,刚好赶个早市时间。

古玩市场摊点非常松散,买东西的人天南海北,卖的东西杂七杂八、瓷器、字画、票据,啥都有,真货、假货,参差不齐,真话、假话,各说各话。我每次都乐呵呵,仿佛看一场大戏,因为这就是最真实的人间百态。

去了经常有收获,或多或少。

有一次,我收到一把精美的戳子,它就像一把精致的微缩版的小提琴,特别漂亮。我满心欢喜,半是炫耀地一直小心翼翼地用手捧着。当我笑得像个弥勒佛似地回到家中时,太太看我的眼神,却不是平常那样满眼的亲切,她那满脸的问号,让我实在受不了。

我问她:"虹,你怎么啦?看我这么高兴,你不跟我一起高兴吗?"

我的太太若虹叹了一大口气,沉思了好一会儿,才说:"亚元,你没发现你今天有哪里不同吗?"

"哪里呀?"我说,"最大的不同就是我今天有个大收获,买到一把一等一的戳子!"我兴奋地朝着爱人挤眉弄眼,并且神采奕奕地炫耀着自己的战利品。

我太太只好先拿毛巾给我擦汗,接过我举得高高的战利品,然后叹口气说:"现在,你看看你的裤兜?"

裤兜?我下意识地一摸,突然觉得凉飕飕的,再一看,好家伙,裤兜整个被翻出来了,上面是一道整整齐齐的划痕。

我的钱包已不见踪影。

我今天可是带着好几百元出门的,还好,已经换成戳子和其他藏品,要不就损失惨重了。

我笑笑安慰太太:"虹,没事没事,才被偷十几块钱而已。"

我爱人还是脸色惨白地说:"不是钱的问题,亚元。如果小偷一不小心,你大腿岂不是可能被割上一刀?赚钱是小事,生命是大事啊,你出门要小心点。"

我连连点头,想想也有些后怕,因为我一路从漳州回到厦门,居然一点点感觉都没有,这心得多大啊。万一那小偷起了歹念,这该如何是好!

收藏路上真是得步步小心,既要防走眼,买到水货,还要担心路上有风险。

这是我最可笑可气的也是最吓人的一次收藏。

5.最有价值的收藏

我收藏老照片和明信片的时间比较短。因为我是闽南人,闽南风俗一般只把自己祖先的照片摆在家里,觉得把别的老人家照片特别是过世的人的照片放在家里很晦气,因此我也有些忌讳,就没有去收藏。

2011年,有个叫洪凯杰的厦门年轻人到我家,说自己专门搞老照片、明信片的收藏,几年前就开始在美国的 eBay 网站上搜集购买。

我对上网一无所知,也不懂这是什么网站,什么"一倍""两倍"的。我不是很感兴趣,因为我对自己不熟悉的领域从不轻易涉足,这是我的原则。

洪凯杰却很热情,他极力邀请我去他莲坂的家看看。

看他那么热情,我也有些不好意思,将信将疑地来到他家。

看完他的收藏,我觉得这些老照片和明信片也是很有故事的,特别是里面的鼓浪屿和厦门元素深深地打动了我。

我在鼓浪屿长大,那里的一草一木我都很熟悉,也非常有感情。

我看到一张鼓浪屿兴贤宫的照片,兴贤宫原建筑早就没有了,原来在鼓浪屿体育场旁边,现在那里只有一尊马约翰的塑像。

老照片可以把历史留下来,我如果拍下老照片、收藏老照片,相当于把鼓浪屿原有的风土人情留下来,可以让后人看看以前的鼓浪屿,这也是很有意义的。

一想到这,我就很激动。我还看到日光岩的照片,看到扛轿子的人,看到吊坞①。这种场景再也难以看到了。

参观完洪凯杰的200多张老照片后,我觉得每张都很有故事,1843年有洋人带着摄像器材拍鼓浪屿,现在看起来每张都栩栩如生,仿佛场景再现。

从洪凯杰家回来,我便开始收藏关于厦门的老照片和明信片,一发不可收。

除了鼓浪屿,我还收藏关于南普陀的照片,多是清末民初的照片,角度很多。

后来,只要是遇到有关"鼓浪屿""KooLongsu""厦门""Amoy"的明信片,我都给买下来。我给自己定价,厦门的500元一张,鼓浪屿1000元左右,这几年就收藏了700多张,整成10本册子。

这些老照片,一部分是我委托厦门本地店家通过网上搜索买到的,一部分是我通过在美国搞收藏的朋友买到的。

2016年,厦门文史专家洪卜仁找到我,说要出一本书,叫作《厦门老照片》,我就把这些东西都拿出来了。最初计划是我和洪老合作,后来他又说要叫上洪明章(也是我的好朋友,在鼓浪屿上开了三个展馆,供游客参观)。我说大家一起做,可以把厦门这个题材做得更好,就把关联的照片和明信片都拿出来出书。

---

① 吊坞:通过杠杆原理把井水汲起来的装置。

6.最有影响的收藏

美国大白舰队访厦的专题收藏,是我做过的最有影响的系列收藏。

这应该从老照片说起。2014年,我收藏了一张美国大白舰队来访人员观看武术表演的明信片。

1908年,美国大白舰队来访人员观看武术表演

1908年11月3日清晨,停泊在厦门港的美国舰队"肯塔基号"(kentucky)

欢迎宴会

迎宾大彩楼

搭门楼、迎贵宾,大白舰队受到了清政府的欢迎

五 收藏故事

大白舰队官兵在南普陀寺藏经阁附近和清兵合影

长辫子的清兵和叼雪茄的外国水手

之后,我在查找资料的过程中发现,原来来了这么多人,清政府花了这么多大洋招待这帮人,还弄了一块石碑专门记录这件事,这是一件很有意义的事。有张南普陀后山的碑文照片,碑文上记载着光绪三十四年(1908年)十月,美国大白舰队来厦友好访问的事件,上面清楚地记录着8支舰队的名称。

我看到这张照片时更加好奇,因为很少有这么郑重其事地把一个来访事件刻在石碑上的事。我这个人有一个特点,就是喜欢琢磨。

后来我查了史料才发现,当时我们国家还没有像样的舰队,清政府负责接待的官员看到大白舰队,非常震惊,觉得这非常了不起,为此还举办了隆重的欢迎仪式,在演武池搭盖了几个临时招待场所,接待总人数达六七千人,声势浩大,花了好几百万两银子。

为了接待,当时还特地从天津引进电灯,厦门因此有了第一盏电灯。(以前,都是点煤油灯的。)

虽然访问的时间不长,只有一个星期,①但是每天安排的活动很丰富。我这里有一本册子,详细地记录了此次访问的行程,细到一日三餐的安排(就像现在的接待方案),比如说菜单上有厦门各种特产,包括土笋冻啥的(据说,后来有些美国人很不习惯这种美食,吃了就拉肚子)。这本类似行程表的小册子是我通过一位美国朋友买到的,当时花了两万多元。

早在16世纪,作为重要的通商口岸,厦门以优越的港口条件而闻名中外。1840年,英国侵略者发动鸦片战争,于1842年逼迫清政府签订《南京条约》,开放5个通商口岸,厦门就是其中一个。

1908年10月30日上午9点,美国舰队到达厦门,11月5日上午8点起航离开厦门,在厦门的6天里,他们欣赏了鼓浪屿才女的演唱、品尝了厦门土笋冻和油葱粿,他们踢足球、打棒球,点亮厦门第一盏灯。根据1908年12月4日《申报》报道,清政府的接待

---

① 史料显示,1908年10月,美国海军舰队第一次访厦,1910年为了感谢美舰来华访问在厦门受到的热情款待,美国政府又派出东方舰队再赴厦门,向清政府献赠银杯。此外,1937年10月27日、1938年3月25日美军舰又来到了厦门。

费从最初的40万两银圆上升到136万两,单啤酒一项就花费14万两。为了方便美舰官兵上岸,清政府专门在磐石炮台西边的海滩修建临时码头,架起一座直达陆地的木桥,修筑一条从码头到南普陀的短程马路,还从上海租来很气派的马车数辆,沿途张灯结彩,在演武场空地搭建一座大竹棚,周围兴建十几座馆舍和牌楼,到广东采购大量花木盆景。1908年11月4日,厦门还燃放烟花,这是厦门有史以来最大规模的放烟花活动。

全面了解了这件事的来龙去脉、前因后果及相关意义后,我就很想收藏相关的物件。这次访问衍生的物品太多了,比如明信片、老照片、纪念品、奖品[①]等。我从网上了解到,在北京的保利拍卖会上,一套大白舰景泰蓝花瓶和盘子就拍卖到25万元。2006年,中国嘉德拍卖公司拍卖一组1908年美国海军舰队访华的老照片,最终以17万元成交。2010年11月中国嘉德秋季拍卖会上,一只纪念银碗以61万元被拍走。在厦门鼓浪屿开办"百年台湾"馆的台胞洪明章先生,收藏着一把纸扇,也是当时的纪念扇。

此外,在厦门南普陀藏经阁东侧石壁上,如今还有两方记载美国舰队1908年访问厦门一事的摩崖石刻,石刻上的文字有好多是把英文词组翻译成文言文,相当难懂。

当时,我手中只收藏有相关的明信片和老照片,那时我心里就想,要是能有这么两套完整的大白舰纪念品就好了。

就像想睡觉就有人送枕头似的,好运来得很突然。也许是心有所念,必有回应,很偶然的一次机会,我购到一个小杯子,这种杯子是清政府送给来访官员的纪念品之一,每个官员都有一个杯子、一个托盘。那时候对级别很重视,送出的杯子都按级别,但由于来

[①] 当时获得橄榄球之类比赛活动第一名的奖品是银杯,听说后来单单一个银杯就拍卖到40多万元。

访的人员有六七千人，数量太多，这种杯子也很多，一套杯具3000元左右，我交代美国的朋友帮我买了十几套。

1908年，美国舰队访厦期间，清政府赠送给舰队官员的景泰蓝小杯

再后来，一位北京的朋友打电话给我，说手上有几套景泰蓝的花瓶和盘子。这位朋友专门收藏清政府和美国政府之间的来往文书，他看到这些景泰蓝只知道大白舰与厦门有关，但他对景泰蓝不感兴趣。

说实在话，我很担心是假的，因为我从来没有收购过景泰蓝。好在我收藏过中国历代货币，对铜还挺有感觉，新仿造的铜和老铜是不一样的。仔细看这对景泰蓝花瓶，内部可以看到绿锈，瓶身感觉很润。因为担心有假，我还仔细看了花瓶纹路。因为如果是手工制作，花纹会有区别，如果纹路都一样，那就一定不对了。通过照片细细辨别后，我感觉还不错。北京的朋友开价一套8万元，这个价钱相对于在保利拍卖的25万元，当然是划算得很。我先试水买了一套，到手后发现是真品，是好东西，立刻又追加汇款，总共入手了3套。

这些瓶身绘着美国国旗和大清国旗，写了"厦门"两个字，还有英文，做得相当精致。

不过，这里还有一个疑问——为什么这么多套景泰蓝的花瓶和盘子会在同一个人手上？我一直想不通。后来厦门知名学者黄

1908年,清政府赠送美国舰队指挥官的带有"厦门""1908"字样的景泰蓝纪念对瓶及纪念盘

绍坚到我家做客,我把实物和老照片给他看,他和我一起查找资料,寻找出处。

最后发现,当时八只舰队的舰长中有一位大概是要退休了,加上身体经常生病,本来不想参加这次访问的,总统请他再出山完成这最后一趟任务,只需要带队,他便来了。我查看资料得知,清政府本来委托这位舰长把这些景泰蓝纪念品送给其他舰长。当时舰队被安排在厦大那边,估计是交通比较不便吧,这位舰长只送出一两套,剩下的都在他手上。看过材料后我反复推敲认为,这是很有可能的。因为这些纪念品是清政府临时请北京工匠赶制的,景泰蓝瓶又较小,来访的舰长不感兴趣也是可能的。

后来,我把大白舰相关的产品都做了收藏,并形成了一个系列专题。具体包括照片,明信片,景泰蓝瓶、盘、杯子,纸扇,纪念册。

我收藏的 1908 年清政府赠送美国舰队官员的景泰蓝纪念品

1908 年厦门《欢迎美舰记念品目》纪念册

7.最精彩的收藏

说到关于船的收藏,我还要讲另一艘船——"厦门(AMOY)号"的故事。

"RESTING AFTER 18,000 MILE JOURNEY"

百年前,小小福船乘风破浪 18000 英里

2011 年,我偶然间收藏了一张"厦门号"明信片。我这人就爱追根究底,收藏后就认真去查史料。发现这是一个代表厦门走向大海的故事,是一个厦门制造的故事,是一艘无动力木帆船跨越大西洋、太平洋,穿越美洲航行 18000 英里的壮举。该船被誉为"大西洋第一中式帆船",里面有着夫唱妇随的动人爱情故事……我深深地着迷了,认为这是厦门走向世界的故事,是非常值得典藏的。

为此,我开始用心搜罗和"厦门号"相关的藏品。功夫不负有

心人,历时 11 年,我陆续收集到 30 件相关藏品,有铜版画、明信片、报纸,甚至有杂志残页,多数藏品都是我托人从国外网站上拍卖而来的。只要不超过心理价位太多,再贵我都会买下来。仅 The Story of the Amoy(《"厦门号"帆船的故事》)一书,就花了我 2500 元。该书扉页上还有"厦门号"第二任船长阿尔弗雷德·尼尔森的亲笔签名,落款是 1926 年 5 月 29 日。

"厦门号"背景宏大、故事曲折,它见证了一段神奇的历史。

关于"厦门号"第一任船长和他的疍民夫人的报道

1922 年之前,有一个出生在荷兰的加拿大籍丹麦人乔治·沃德到香港工作。31 岁时,他爱上一位船主的女儿阿玉。阿玉是生长在香港和广东之间的蛋民①,从小在船上长大,熟悉大海。阿玉19岁时,乔治·沃德娶她为妻,后来全家移居厦门。

乔治·沃德起初在厦门海关工作,担任关务艇船长,后来成为华南航线上的一名船长,日子平稳而美好。但是,对于习惯漂泊、喜欢流动风景的乔治·沃德来说,远方有着致命的吸引力。

1921年12月的一个晚上,乔治·沃德船长跟妻子阿玉商量:"阿玉,我们为什么不打造一艘船,开到温哥华?沿途我们如果发现哪个地方好,可以住下来。这可能很困难、很危险,也很慢,但我觉得很值得一试。"

他的太太阿玉满口答应,因为她的血液里也同样流淌着热爱冒险、流浪和追逐未知的基因。于是,他们到台湾买了樟木,到福州买了杉木,聘请了惠安的造船世家汪三九家负责造船。从1921年12月到1922年5月,历时近半年,一艘典型的福船就打造好了。后来,还按照蛋民的习惯,选了个黄道吉日,装上了福船的两只大"眼睛"。

这一年,沃德49岁,阿玉36岁,他们有一个9岁的儿子博勃。这艘被命名为"厦门号"的帆船长21.03米。

1922年5月17日,一家3口驾驶着这一艘小小的帆船,从厦门港出发,开开心心地起航。途中经过福州,开往600公里外的上海。6月10日到达上海,在上海短暂休整后,6月22日从上海出发,经过北海道、阿留申群岛、白令海峡。9月19日到达加拿大维多利亚港。"厦门号"在维多利亚港展览了两个月。"厦门号"色彩鲜艳,有两个大眼睛、三个桅,还是艘帆船,令人觉得仿佛是从天边

---

① 蛋民:亦称"蛋""蛋户""蛋家"等,世代以船为家,以渔业或水上运输业为主,主要分布在福建、广东、广西沿海港湾和内河,以珠江三角洲较多。

航行过来的一个浮动博物馆,充满神奇和梦幻的色彩。所以在维多利亚展览期间,即使每人只收25美分门票,沃德一家也可以每天收到100美金的参观费。

"厦门号"在大洋彼岸被围观

但沃德船长不愿意在一个地方停留太久。两个月后,"厦门号"再次从维多利亚起航,沿着美洲的西海岸,往南溯流而下,再经巴拿马运河进入大西洋,最终到达纽约。从厦门到纽约,历时两年多,总共航行了18000英里。在这次漫长的航行中,"厦门号"不仅遇到风暴,还遭遇了海盗和蛇,甚至还掉了两副舵,可谓险象环生。

大海就意味着风险,即使是我们今天大体量、设备先进的舰艇到了浩瀚的大海,也是如此。而这艘船是无动力的,能够这样一路航行到大西洋,总共航行近2万英里,实在是不可思议。放在当时或当下,都是一个历史性的事件。

由于受到大家的高度关注,曝光率高,船主又再次将"厦门号"停在岸边,开始在美国展览。参观的人络绎不绝。参观者每人收25美分,从1922—1961年,40年间从未改变。

"厦门号"第二任船长

后来，沃德船长把船卖给他原来的水手。第二任船长阿尔弗雷德·尼尔林森于旧金山受雇上船，成为乔治·沃德的助手，并写成 The Story of the Amoy 一书，于1924年出版。书中以倒叙的方式描述乔治夫妇的爱情故事以及他们在"厦门号"帆船上的经历，展现了"厦门号"远渡重洋的风风雨雨。1925年，阿尔弗雷德·尼尔森买下了"厦门号"，婚后在船上生下了三个儿子。此后，一家五口人一直以船为家，过起了"洋疍民"的生活。1961年，第二任船长尼尔森出售了"厦门号"，同年"厦门号"在北卡罗来纳州哈特拉斯角附近，因飓风沉没。

我收藏的"Amoy"主题明信片，由美国纽约 Artvue 公司发行，首页就是扬帆出海的厦门福船"厦门号"。此外，还收藏有第一任船长及其妻子、孩子以及船员的照片，另外还有第二任船长一家的照片。我收藏的照片中，可以清晰地看到"厦门号"刚到美国纽约的样子。看起来弱不轻风的木船,停在岸边,引来无数人观看。特别是华人,心中既惊讶又自豪。人们似乎很惊奇,想象不出这么一艘小小的帆船怎么能够横穿重洋,克服狂风巨浪等重重困难,平安到岸。

我从海外拍回 The Story of the Amoy 一书后,我的朋友许路①很是高兴,他说:这是"厦门号"帆船的第一手资料,尤为珍贵。他据此写了一篇《"厦门号"帆船远航美洲的故事——一次鲜为人知的航海壮举揭秘》,写得很好。后来詹朝霞②把 The Story of the Amoy 翻译成中文版,名叫《1922"厦门号"的故事》。

The Story of the Amoy

"厦门号"这么一艘小帆船为什么能这样漂洋过海?个人认

---

① 许路:福建省福龙中国帆船发展中心主任,致力于收集和研究"厦门号"帆船相关史料。
② 詹朝霞:任职于厦门市社科院鼓浪屿国际研究中心,《鼓浪屿研究》编辑部主任,联合出版《鼓浪屿史话》等书籍。

为，是因为它具有独特的结构，采用先进封舱技术，能有效防水；它的龙骨能有效抵御风浪冲击。这是中国民间娴熟的造船工艺的结晶，体现了当时我国造船业的发达。沃德船长在接受《纽约时报》记者采访时，不无得意地说："弯曲的台湾樟木让船体呈现出古典的弧度，产于福建深山的福杉让船板散发出东方的芬芳。铁钉和木梢将船体紧紧拼贴在一起，其间的缝隙被精致的桐油抹得严丝合缝，像水泥一样坚固，一滴水都没渗进船舱。"

"厦门号"为什么能引起这么大的关注？据悉，这是有记载的第一艘横跨太平洋并进入大西洋航行的中国帆船。当时还特地发行了明信片，风光之至，真可谓"破天荒"。1923年，伦敦一个非常著名的刊物 The Wild World Magazine 就大幅报道了"厦门号"的故事。1924年6月8日，《纽约时报》对沃德船长的事迹进行了长篇报道。第二任船长尼尔森写的 The Story of the Amoy 于1924年出版，记述了1923年4月他上"厦门号"后，直到1923年12月穿过巴拿马运河到达佛罗里达这一段航程。

除了1922年"厦门号"木帆船横渡大西洋外，还有1933—1935年从厦门出发的"伏波2号"、2008年从厦门出发的"太平公主号"及2011年的"厦门号"帆船环球航海。2011年的"厦门号"沿西风带跨越太平洋，绕过美洲大陆最南端的合恩角和非洲大陆最南端的好望角，行程总计2.3万海里，历经近一年时间，于2012年9月14日返回厦门。

2021年，思明区厦港街道、厦门晚报社还特地在沙坡尾"一日馆长"组织的第十二期活动现场解密1922"厦门号"的故事，詹朝霞、萧春雷[①]现场解说："1922年5月17日，一艘叫'Amoy'（厦门

[①] 萧春雷：作家，《厦门晚报》记者、编辑，笔名司空小月，著有《时光之砂》《文化生灵》《我们住在皮肤里》《嫁给大海的女人》等。

号)的帆船,从厦门港出发,航行一万八千英里到纽约……"现场的人听得津津有味。当时,我也拿出"厦门号"故事书、杂志、照片、明信片、铜版画等藏品供现场观看,引起阵阵惊呼。詹朝霞带来 The Story of Amoy 的中译本《1922"厦门号"的故事》。她说:"'Amoy'号,一艘小小的帆船,无畏狂风巨涛,独自开展跨洋远航,中间折射了很多东西。对个人来说,是爱和勇气、诗和远方。对于厦门这个城市来说,是开放包容、扬帆远航的城市文化精神。对于世界来说,是文化交流、文明互鉴。"许路认为,"厦门号"在民国时代从厦门港出发并完成远洋航行,具有无与伦比的时代意义,这说明厦门早在上世纪就成为中国首屈一指的国际化海港城市。

《1922"厦门号"的故事》

2017年5月7日,《厦门晚报》刊发《"厦门号"横渡太平洋穿越美洲》,整版报道了我收藏"厦门号"的全过程,特别提到"厦门藏家从国外拍得珍贵史料见证当年航海壮举;帆船建造于我市,体现厦门当年国际海港地位"。2020年4月26日,《厦门日报》刊发《98年前,"厦门号"木帆船曾惊艳世界》。2020年6月14日,《厦门晚报》再次刊发《"厦门号"百年再发现》。2021年,中央电视台特地派人到我家来进行独家采访和专题拍摄。

央视拍摄"厦门号"系列藏品

　　2022年4月28日,我在《厦门日报》城市副刊刊发了《我与"厦门号"的缘分》一文,详细地记录了其中的收藏故事,并获得了

"纪念厦门号远航美洲100周年——鹭岛再扬帆"厦门涉海故事征文三等奖。

"厦门号"展板前留影

《我与"厦门号"的缘分》获得充分肯定(2022年5月)

"厦门号"见证了一段厦门与海洋文明的碰撞故事,是属于厦门的独有记忆,弥足珍贵。

我想,如果能以此为蓝本,写成剧本、拍出电影,那应该会相当精彩。那里有爱情故事、历险故事,有异域风情,还有不同文化的碰撞,有冒险精神,更有对未知的渴望。

希望有一天能看到新创作的关于"厦门号"的文艺作品再度扬帆起航,走向世界。

中篇 藏品共享

古钱币收藏：幸运之符

闽南老话说："问路靠嘴水,行路靠脚腿。"[①]我的收藏就是靠嘴、靠腿、靠眼。我一开始是从收藏古钱币起家的。

古钱币是我的幸运符。1986年,我到上海出差,无意中买了一本《中国钱币》杂志,被刊物上一枚宋徽宗时期发行的崇宁通宝上瘦金体的钱币迷住了。当时我很喜欢书法,看到古钱币上面的书法苍劲有力,心生欢喜,所以就开始收藏古钱币。1990年,我成功在工人文化宫举办了个人的钱币展览,取得圆满成功,参观人数超5万人,使我备受鼓舞。

后来,从古钱币延拓开来,我收藏的种类越来越多、越来越丰富,包括侨批、明信片、铜手炉等十多种收藏。但在所有收藏中,古钱币可谓是我收藏的"幸运符"和"创刊号"。

我收藏的中国历代货币种类可以说是比较丰富的,现总共有三千多件。尤其是清代与民国时期福建的地方纸币、票据等,特别出名。

---

① 嘴水:嘴巴;脚腿:脚。

福建永丰官局咸丰八年发行的六百文银票

现在，很多人来找我鉴别钱币的真假，像我这种收藏时间长、玩得久的玩家，一般只要一看一摸就可以基本判断出钱币的真假了，这种本领就像皮鞋匠看皮草、裁缝匠看衣服，就是几秒的事。

福建官银行发行的壹元银票（正面、背面）

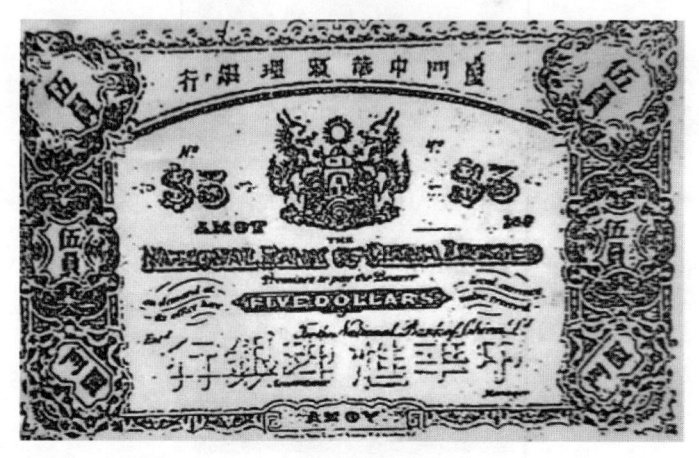

厦门中华汇理银行发行的伍元纸币

民国二十八年(1939年)厦门特别市市政府发行的伍分、壹分纸币

民国时期厦门劝业银行礼券

除了古钱币的收藏外，我还收藏一些特色钱币。90年代，我认识了一个新疆人，他听说我做收藏，就向我介绍了他的朋友苗永海（又叫苗子）。苗永海知道我在厦门市总工会任职后，就放心地把新疆的一些好物寄过来。我们在信中谈好价钱，合适就买下，到邮局汇款，不合适就寄回去，我们合作了很久。我手中1953年的黑拾元都是找苗永海买的，起码有50张。当然现在不全在我手上，就是我买了然后又让出去，这样中间有的赚多点、有的只赚一点点，总共起码有50张。此外，我还从他手上买了咸丰宝迪局当八十钱币。我们保持着很好的联系。

咸丰元宝新疆宝迪局当八十钱币

1995年2月,在厦门保险公司任职的作家黄橙①知道我有一整套的1953年的黑拾元,就来我家好几趟,软磨硬泡,让我把黑拾元让给他一张。我问他:"你为什么只要一张呀?"他说:"纯粹就是喜欢。"后来,他又来了两三趟,还送给我一本他写的书,叫《踏碎月光》。我就把其中一张黑拾元以2100元原价让给他,大概八成五品相,现在市价起码10万元以上。

1989年,我认识了北京一位老收藏家徐枫老师,他以低价3500元让给我大明通行宝钞一贯,现在市场价十几万元。明朝的大明宝钞,纸质很容易风化,当时徐枫老师开价4000元,由于我资金不够,就跟徐枫老师商量能不能少点。当时没有手机、没有微信,我们都是写信互相沟通,经过多次来回沟通,徐枫老师看我诚心购买,就少了500元。这张明朝的纸币,很多人连见都没见过,寄过来时看起来很模糊。看到此币,我真是高兴得夜不能寐。

厦门收藏界大多是孤芳自赏,我则是乐于共享。买回此币后,我还请泉友到家里鉴赏。当时3500元可是一笔巨款,80年代能当上万元户就很光荣、非常难得。而我,花3500元只买了一张纸币,这真的要感谢家人的理解和支持。

后来,该纸币被收录到《中国民间钱币藏珍》(海南出版社,1993年)。该书收录205名收藏者的616件藏品,是从全国选拔出来的,评委权威性高、覆盖面广,里面有很多的珍品、孤品。而我的收藏因徐枫老师的成全而有幸被收录。

后来,我又买进一本《福建收藏家名典》,书上有地址、有电话、有图片,很有利于泉友交流,后又买了《中国泉友》。对我来说,简直就是拿到了钱币收藏的快速指南。于是,我收藏钱币的积极性

---

① 黄橙:旅行文学畅销作家,创作的《漫步厦门》《漫步江南》《漫步台湾》《秘境南亚》等系列深度旅行书籍成为"当当网"等知名网站的畅销书。

藏品进入《中国民间钱币藏珍》

更高了,效率也更高了,当然档次也提升了不少。

可以说古钱币收藏是我收藏之路的"启蒙号"和"试金石",从古钱币开始,我正式踏入了"收藏之海"。披沙沥金,其中的苦与乐,我全部悦纳。

二

蛋白照片：独特之美

蛋白照片,许多不是业内的人士一开始还不懂得这是啥。

它是老照片中非常特别的一种。

原版蛋白照片是指拍摄后利用特殊技术短时间洗印的照片。这种技术于1850年前后开始流行,是利用蛋清将成像所需的化合物涂抹于纸基上,并用接触印相法将紫外线直接作用于感光材料显影,再经过定影制作出影调细腻、棕褐色调的照片。

1900年前,照相馆工作人员在洗照片前都会准备鸡蛋。要先把感光液涂在感光纸上,再进行阴干、曝光等程序。当时没有胶水,蛋清因为透明、有黏性,被选作感光液与感光纸之间的黏合剂,这种照片就被称为蛋白照片。

1900年之前的绝大多数照片都是蛋白照片,由于感光度低,这些照片在当时无法以底片放大,是从底片直接晒印的,所以照片尺寸和底版大小完全相同。蛋白照片一律呈棕褐暖色,影像层次的丰富度较硬版照片大大增加了,但照片稳定性较差,不易保存。

在收藏界,摄影收藏很长一段时间得不到重视的原因之一,便是人们认为照片是可以复制的。但是,复制原版蛋白照片非常困难。收藏市场上也出现过一些19世纪原版蛋白照片的复制品,不过,清晰度极差。

目前,蛋白照片正成为收藏界的新宠,具有极高的收藏价值:

2013年5月14日,在伦敦苏富比拍卖行举行的一场名为"旅行、地图及自然历史"的拍卖会上,两组由著名摄影师费利斯·比托于1860年拍摄的以中国为主题的原版蛋白照片拍得高价,其中历史上第一幅北京全景图蛋白照片拍得210万元,另一组分别在厦门和台湾拍摄的蛋白照片以126万元成交。

这几年,通过朋友帮忙,我先后从海外拍回来了1870—1900年厦门岛及鼓浪屿的蛋白照片80张。这些蛋白照片主要由当年鼓浪屿"瑞生和宜芳照相写真馆"拍摄。

七八年前,我的一位好友在网上发现了美国康奈尔大学图书馆收藏的一套老照片作为公共资源向全社会开放,允许下载。照片时间在1880年前后,全套74张,主要是厦门岛和鼓浪屿的风景。这些140年前的影像保存完好,非常清晰。

我是鼓浪屿的孩子,对鼓浪屿特别有感情。我认为这些蛋白照片实在是太珍贵了,是对历史风貌最真实的记录。从那以后,我对照这套老照片的网络图片,通过朋友,到海外拍卖网上寻找实物,至今已陆续购回80张厦门及鼓浪屿题材的原版蛋白照片。

由于一些历史原因,很多中国影像资料都被留在国外,令人遗憾。

我认为,钱财生不带来、死不带去。我希望能够把毫无特色的钞票换成具有温度的厦门或鼓浪屿元素的藏品。我愿意继续通过自己的力量,收藏、持有这些有厦门或鼓浪屿元素的海外照片。让我们的子孙后代可以看到先人的影像,弘扬先辈的荣光,这也是我个人能为社会尽的绵薄之力吧。

1880年代鼓浪屿田尾海滩

1880年代鼓浪屿日光岩远眺升旗山

1880年代鼓浪屿正道院

1880年代鼓浪屿田尾风光

1880年代鼓浪屿日光岩下民居

1880年代鼓浪屿鸡母山下外国民居 　　1880年代鼓浪屿田尾东路风光

1880年代鼓浪屿日光岩南侧港仔后一带风光

1880年代鼓浪屿鸡母山远眺内厝澳全景风光

二　蛋白照片：独特之美

1880年代南普陀观音道场（大悲殿）前

1880年代的南普陀寺

1880年代厦门民居及一家人

  很幸运的是，通过徐宗懋老师及紫日老弟[①]帮忙，我拍得了几张珍稀的鼓浪屿蛋白三联照片。这些照片是我一直梦寐以求的。这几张三联片，是1870年代拍摄的，拍的角度不一样。有一张是从鼓浪屿日光岩上向南望，照片左边远处的巨石是升旗山，升旗山右边和下边的三座建筑是美国归正会的宿舍，中间最高处的建筑是德记洋行，右边是田尾一带，可见丹麦电报局，那时有洋行及领事馆官员宿舍、海关人员宿舍和传教士住宅建在田尾……

  另一张三联片是从升旗山拍日光岩。日光岩是鼓浪屿岛上海拔最高的地方，主要由两块巨大的岩石相依而成，岩下的建筑是当时的英国伦敦宿舍。百年前的日光岩还很荒凉，如今已是树木丛生、楼房林立了。

[①] 紫日：厦门老照片收藏圈中的年轻人，他费尽心思收集了大量厦门老照片，现在盐溪街有固定的展馆，设有美璋影像馆。

1880年代鼓浪屿升旗山视角全景图

1870年代鼓浪屿日光岩远眺升旗山港仔后一带

1880年代鼓浪屿升旗山西侧风光

1880年代初鼓浪屿河仔下海滩风光

  我还收藏了1880年代圣朱利安·爱德华兹的作品（戴枷锁的两个犯人），我把照片放大，细看枷锁上面清楚地写着"厦门通商局八月二十五日"。厦门通商局是会审公堂前身。1842年《南京条约》签订以后，厦门被开辟为通商口岸，设立领事馆、公寓和洋行，1871

年(同治十年)兴泉永海防兵备道潘骏章请准设立鼓浪屿通商所,后迁址鼓浪屿兴贤宫。1902年1月10日,驻鼓浪屿各国领事与清政府代表在日本领事馆签订《厦门鼓浪屿公共地界章程草案》。原鼓浪屿保甲局改称保商局(亦称通商局),局址迁至鼓浪屿锦祥街。

1880年代鼓浪屿戴枷锁的两个犯人

1880年代鼓浪屿升旗山东侧外国商人住所

1880年代鼓浪屿英商厦门俱乐部

1890年代鼓浪屿西仔路头石板栈桥

1880年代厦门海后滩德商葛拉洋行

1880年代厦门海后滩外国洋行

1880年代厦门海后滩码头栈桥

1880年代鼓浪屿安海角(今福州路一带风光)

1880年代厦门海后滩摆渡双桨船

1880年代鼓浪屿英商厦门俱乐部

二 蛋白照片：独特之美

1880年代鼓浪屿日光岩鼓浪洞天美景

1880年代鼓浪屿升旗山东侧海滨风光

此外，我还有很多具有非常典型鼓浪屿因素的蛋白照片。其中有：

（1）鼓浪屿曲棍球

《厦门晚报》曾大篇幅报道《鼓浪屿140年前的曲棍球运动影像》，照片由我提供，高振碧老师解读，龚小莞记者撰写。这篇报道非常专业，值得一读。

  曲棍球，是在长方形草皮上，各队通过集体配合，用带弯头的曲棍击硬球射门得分的对抗性小型球类运动。由于它一般在草地上进行，故又名"草地曲棍球"。当时的鼓浪屿设有番仔球埔。（"番"是闽南人对外来人和物的统称，如番仔甘薯、番仔火柴、番茄等。）

  曲棍球起源于公元前2000年的波斯，后传入希腊。19世纪下半叶，现代曲棍球始于英国，1861年，第一个曲棍球俱乐部成立。1875年，有了第一版的比赛规则。1908年，曲棍球运动正式列入第四次奥林匹克运动会比赛项目。

  曲棍球的最高组织机构为国际曲棍球联合会，1924年成立于法国巴黎，总部设在比利时的布鲁塞尔，后迁入瑞士洛桑。国内的最高组织机构为中国曲棍球协会，成立于1981年5月11日。

1872年美国驻厦领事李仙得，向鼓浪屿本地人租了岩仔山脚9块地，经整合改造后种上多年生耐踏草植被，供外国人休闲娱乐。这张照片中画面左侧两位卷发束腰的洋少妇推着四轮幼儿车款款而入，还有一个奔跑着的小男孩。游乐场远处挂着三张球网，三组混双、男双网球运动正在进行。游乐场中间是11人组团围观

1890年代鼓浪屿番仔球埔曲根球赛

助兴的德国水兵鼓乐队,图右有两个手握草地曲棍球杆的洋人,其中一个还系着领带,颇有绅士风度。

(2)赛马

2019年11月,我花了近13万元从台湾人秦风手中买下12张厦门蛋白老照片。这些照片拍摄于1870年代,记录了当时厦门的赛马场、停泊着船舶的厦门港、鼓浪屿番仔球埔等场景。

收藏这些照片说起来还真有点故事。一开始,卖家只标出4张赛马场照片。照片里,穿西装打领带的外国人和蓄着长辫清朝装扮的中国人并排站着,围在宽阔的赛马场边观看赛马。赛马运动在厦门曾经兴盛一时,我认为这些照片很有意义,经多方咨询,最后把卖家其他相关系列的蛋白照片都买了下来。

1880 年代厦门演武场赛马会嘉宾看台

1880 年代厦门演武场赛马会嘉宾合影

　　厦门的赛马场建于 1843 年,最初设在鼓浪屿,后来迁至厦门岛五老峰前的演武场,也就是现在厦门大学演武运动场附近。赛马不仅是竞技运动,也有很强的娱乐性,赛马一开始先出售赌马票,一张5元大洋。每届赛马时,就以500元向武营租借演武场为赛马场所。跑马前,英国人就召集工匠造木栏、修整草地,设内外两大圈,漆以白油,中为跑道。跑马之日,还会函请地方官员和乡绅前来参观,也欢迎老百姓来观看,现场像赶圩,很是热闹!

(3)打石字

我手上收藏有一张厦门港"打石字"蛋白照片,品相极好。"打石字"的摩崖石刻清晰可见,这张照片拍摄者选择退潮时刻,十只小舢板搁浅在沙滩上……"打石"上记载的是明代天启年间打败"红毛"(荷兰人)入侵的史实。

1870年代厦门"打字石"摩崖石刻

"打石字"这块大岩石今已不存在。何时不存在的,现有两种看法:一是1926年,这一带修起海堤,削平山丘,扩展同文路和厦港民生路外延地区;二是1950年代被开采掉的,去填厦门海堤。

（4）德记洋行

1880年代鼓浪屿德记洋行大班公寓

德记洋行经理公寓最初建在鼓浪屿升旗山的东南山坡下，紧邻覆鼎石海边，曾经有个说法，鼓浪屿地形像一艘船，德记洋行恰好在"船头"的位置，因此风水好、生意也好！

1890年代鼓浪屿德记洋行大班公寓被台风破坏

(5) 厦门海关洋员排演戏剧

欧洲人热爱排演戏剧,可以追溯到古希腊时期。演戏剧活动对身处异乡的外国人来说,不仅可以温习自己的文化,而且戏剧的布置、情节、音乐和对白也可以排解思乡之情,是一种重要的社交和娱乐活动。照片中这些在厦门的海关洋员在排演戏剧,布景、服装无不显出他们的认真。有趣的是,合影中还有一个小男孩。

1880年代鼓浪屿俱乐部排演戏剧的外国人

(6) 鼓浪屿"番仔墓"

1890年代鼓浪屿"番仔墓"及小教堂

(7)共济会的正道院

1880 年代鼓浪屿共济会正道院

鼓浪屿上曾经存在一个神秘"帮会"——共济会。厦门共济会于 1885 年 5 月 16 日成立,鼓浪屿设分会所。据史料记载,厦门共济会不仅入会标准严格,而且入会费用极高,需要 50 大洋。1990 年共济会正道院被拆除。

(8)鹿耳石

1873 年,约翰·汤姆逊出版《中国与中国人影像》,在书中对厦门港有详细的描述,包括厦门历史、地理及风土人情,照片中这块巨型花岗岩,中国人称"鹿耳石",反映出厦门港坚硬的土质条件。这是张罕见的、具有中国画风韵、记录下 1870 年代前后鼓浪屿鹿耳礁的大幅原版蛋白照片。拍摄鹿耳礁的照片不少,但从北

1890年代鼓浪屿鹿耳礁海滨

向南拍摄并记录下鹿耳礁南边避风港的照片极为罕见。照片虽略褪色但品相保存完好,东西方摄影风格交融,是中国摄影史上的珍品。

(9)其他

我手上还有不少特色蛋白照片,它们记下栩栩如生的厦门过往,有缠着裹脚布的小脚女人,有消亡于火灾中的梵天寺倩影,有千帆竞航的鼓浪屿海面,也有令人惆怅的往昔……

往日已不复存在,那些曾经年轻的笑容已在百年风云中化为轻烟,唯照片永恒。

1890 年代鼓浪屿女子学校学生合影

1860 年代鼓浪屿笔架山远眺漳州屿仔尾风光

二 蛋白照片：独特之美

1900年代鼓浪屿鹿礁路风光

1890年代鼓浪屿汇丰银行公寓

1880年代厦门同文顶西侧海边风光

1870年代同安梵天寺

1880年代鼓浪屿福建路风光

1890年代厦门万石岩风光

三

其他老照片：风物之韵

"记忆可能出现误差，但影像资料留下的真实瞬间不会出错。"以厦门、Amoy、鼓浪屿、Koolongsu 为重要元素，我这几年收藏了 800 多张照片和明信片，它们生动地再现了百年前的鹭岛风情，留下了许多非常珍贵的瞬间。老照片见证厦门嬗变，两相对比，更让人珍惜当下静好的生活。

嘉禾屿、中左所，这是明朝官方对当年厦门岛和厦门城的命名。明代军民分治，嘉禾屿上的百姓，称此地为白鹭门、鹭门。明洪武二十七年(1394 年)，明廷设立"永宁卫中左守御千户所"——中左所。明军认为水师浯屿水寨为"上门"，嘉禾屿水寨为"下门"。1603 年叶向高撰文称"浯屿水寨，故在大担南太武山外，后徙至中左所之厦门"。

鸦片战争之后，厦门作为"五口通商"口岸之一，被迫对外开放。那时的厦门，市区才称厦门，郊区禾山乡属于同安县管辖。进入民国之后，1912 年，经福建省政府同意，在厦门建立思明县，后升为思明府。1933 年 3 月，正在筹划成立"思明市"的市政筹备处决定，将禾山乡划归思明市管辖。

从一帧帧老照片，我们可以看到厦门的变迁故事，它们真实而坦率，无须言语，便已直白地告诉我们曾经的故事……

清末厦门官驿道明信片

沧海桑田，无数辈人的努力，才有美丽厦门的今天。照片让我们铭记历史。

1.老照片见证城市建设巨变和历史风貌

民国二十年(1931年)第一段鹭江沿堤景况

民国十七年(1928年)第一段新堤之一

民国十八年(1929年)思明南路鸿山寺拥壁落成摄影

民国十八年(1929年)已成之鹭江道薄被沥青车路

民国十七年(1928年)思明南路(甕菜湖)新市状况(1928年9月)

民国十五年(1926)漳厦警备司令部堤工处第三段同文书院前堤工状况摄影

民国十七年(1928年)在虎头山顶西北俯望已成海堤状况

民国十八年(1929年)思明南路南段落成状况摄影

民国十七年(1928年)思明北路鸿山寺下开山状况

民国时期厦门电灯公司前堤岸全景

民国时期厦门中华路角

披沙沥金——我的厦门『私藏』

民国时期厦门大同路

民国时期厦门中华路

民国时期厦门中山路

2.老照片见证中山公园的前生

2021年12月,重新整修过的中山公园焕然一新,吸引众多市民游客前往游玩。全园着力打造智慧园区,水循环系统、夜景工程等都得到提升,其中雾林系统改造完毕,景致妙曼、宛若仙境。

中山公园始建于1926年,1933年基本建成,面积16万平方米,是厦门人的共同记忆。

记忆可能会出差错,但照片不会。照片是最真实的历史,是最不可推翻的佐证材料。2013年,有位作者在媒体发表文章,提到中山公园里有两座纪念碑,一座是孙中山纪念碑,现存于公园东门附近,另一座曾位于如今的南门入口处不远,可惜在上世纪被拆除了,现在的原址处是一块镌刻着"天下为公"的假山石。

我看到文章后,立刻想起自己曾收藏过一批上世纪三四十年

民国时期厦门中山公园南门

中山公园内亭台楼榭俱全,水系贯通

代厦门城市建设的老照片,其中明明白白地显示中山公园应该还有第三座纪念碑,位于公园西南部魁星山下,是为纪念黄花岗七十二烈士而建的,遗憾的是,后来被损毁了。我立刻把消息告知文章作者。作者立马写了一篇文章,修正了之前的说法。

民国时期厦门中山公园魁星山

民国时期厦门中山公园钓鱼台

还有关于厦门劝业银行纸币中纪念碑的出处，也可以用旧照片来证实。1938年5月13日厦门沦陷，1939年7月1日厦门成立"特别市市政府"，厦门劝业银行于1940年2月开业，发行面额1分、5分、1角、2角、5角五种辅币，2角券左边是中山公园南门纪念碑。很多人认定是北门的孙中山纪念碑，经资料和明信片证明是南门的纪念碑。

民国二十八年(1940年)厦门劝业银行发行的纸币

关于中山公园,我还收到朋友惠让的几张厦门老照片,其中有一张是比较少见的题材。这是在中山公园召开的厦门新生活运动大会,照片上的警察正在打扫卫生。民国时期市警察局也管清道队。新生活运动,简称"新运",指1934—1949年在中华民国政府第二首都南昌推出的国民教育运动。新运以提倡"纪律、品德、秩序、整洁"等为主,一再教导人们"礼义廉耻"等重要思想。

民国时期厦门中山公园门口扫地的警察

这些老照片非常宝贵。它们是历史真实的痕迹,也是研究历史的重要工具。特别是对于厦门这个变革快速甚至可谓日新月异的城市来说,照片就是历史,照片最可以证明历史。

3.老照片见证帝国主义侵华事实和我国人民的反侵略斗争

(1)日军侵占厦门

我从海外拍到20张日本侵占厦门时期的老照片,有兴亚院厦门联络部,有禾山五通战壕,有碉堡工事,有湖里浦口683号小楼。

兴亚院厦门联络部是当时日本在厦门的最高统治机构,位于深田,现仍保留,是对日本暴行的无声控诉。

湖里浦口683号,是属于王姓人家的一座海边小楼,日军从登陆的海滩向这幢楼射击,在墙上留下累累弹孔。5月10日是厦门沦陷日,现在每年这一天都拉响防空警报,希望大家勿忘国耻。1938年5月10日,日军在厦门五通浦口一带强行登陆,犯下种种罪行。日寇铁蹄践踏过后的印记或许因为当事人老去已经模糊,但历史不能被忘记,厦门五通灯塔公园高高耸立的灯塔永远祭奠着数万名无辜的遇难者。

1938年5月10日,日本侵略军从五通登陆,这幢是湖里浦口683号

日本铁蹄从厦门禾山五通登陆

登陆厦门时战死的日军士兵就地埋葬

厦门曾厝垵附近铁丝网

鼓浪屿大和俱乐部(也叫日本球间,设在市第二医院内,与前协和礼拜堂毗邻)

厦门日本邮局旧影

(2) 台湾银行

朋友让给我一张台湾银行厦门支行旧址老照片。台湾银行是日本政府的特许银行，全称为株式会社台湾银行，创立于1899年，是日本占领我国台湾后建立的日籍银行。1899年9月，台湾银行派人来厦门筹办支行，1900年1月正式设立，办理中外汇兑、企业投资、发放贷款等业务。

台湾银行厦门支行旧址

（3）赏格

朋友从海外帮忙拍回十几张抗日战争时期厦门地图及一张民国二十九年（1940年）一月九日警务总监巴士凯、鼓浪屿工部局赏格，上面记载："赏金贰佰伍拾元，为赏格事：本月八日午后六时三十分黄莲舫及刘仙助二君在本屿漳州巷被暴徒开枪狙击一案……"。我查阅文史资料，发现此事很多地方都把时间和日期写错。还是无声的照片最靠得住！

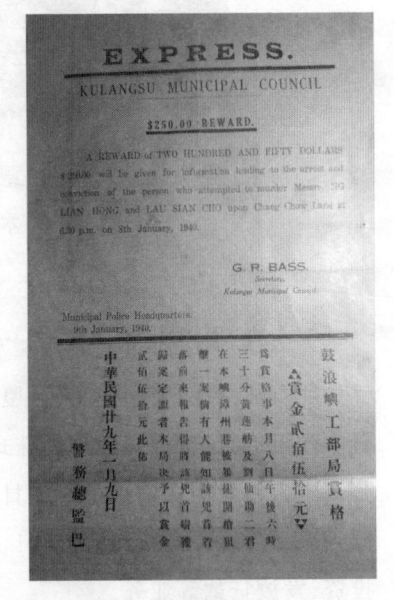

民国二十九年（1940年）
鼓浪屿工部局赏格

(4)抗日救国宣传队

1931年,九一八事变爆发,9月26日集美学校即成立由全体师生员工及集美学村农商渔警各界都参加的"抗日救国会"。该会以反抗日本帝国主义侵略,并拯救中华民族为宗旨。

集美学校抗日救国会宣传队

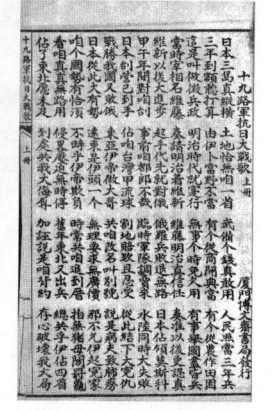

抗日宣传品

(5) 鼓浪屿上的领事馆和外国人

外国人在鼓浪屿

鼓浪屿上的英国领事馆

美国、英国、德国、日本领事馆群聚鼓浪屿,有这些照片在,历史就抹杀不掉。照片一一记录了这些国家的罪行!

这些永恒的照片、永恒的建筑都是无声的控诉。

三 其他老照片：风物之韵

鼓浪屿上的美国领事馆

鼓浪屿上的汇丰公馆

鼓浪屿上的德国领事馆

4.其他有趣的老照片

(1)鼓浪屿风华

三 其他老照片：风物之韵

20世纪初的鹭江两岸

Views of Amoy and Kulangsu.

厦门岛和鼓浪屿风景

我手上还收藏有一张民国时期鼓浪屿救世医院全景老照片，品相不是很好，但停靠在岸边的船很清晰，我用放大镜一照，船尾清晰地写着"海关浮标管理艇"，过去大家还认为是救世医院运输船。厦门海关浮标管理艇是厦门海关在1917年向太古洋行购买"浮标工场"后配置的,地点在鼓浪屿维新路海关港务长住宅前,延伸到海滩,搭建有简易码头,停靠浮标管理艇。

我手中还有记录着"鼓浪屿保良会所"的老照片,保良会所成立于1912年9月,地址在龙坑井。最初只收容孤贫儿童,后来无亲属认领的被拐骗儿童、无家可归的乞丐也被送到保良会所,这其实就是福利院的雏形。

鼓浪屿保良会所

我还收藏有兴贤宫明信片,游行的队伍、乩童、观众……再现了旧时鼓浪屿人的日常生活。

三 其他老照片：风物之韵

鼓浪屿兴贤宫前经过的花轿

A Joss procession held at the Settlements, Kulangsoo, Amoy.

鼓浪屿上的民俗活动——游神

厦鼓龙头渡码头

鼓浪屿海滩

我手上还有两张民国时期鼓浪屿光华小学的老照片。光华小学照片及资料甚少，据史料记载，鼓浪屿岛上先后有两所取名为"光华小学"的学校，一所是1924年中国同盟会会员许卓然先生在内厝澳创办的"光华小学"，既传播新学，又作为联络革命志士、开展革命活动的基地,这所小学尽管办学时间不长,但在闽南革命史上留下光辉的一笔。李汉青1928年后办的"光华小学"则是另一所学校。

我还收藏有关于厦门的各类图片,其中有一张名为《厦门教会学校的女学生,正在每日散步》。

厦门教会学校的女学生,正在每日散步

这是1900年7月28日在英国刊物上发表的,图上的主角是8名女孩,她们穿着丝绸质地的中国传统服装,排着整齐的队伍,由英国女教师带领,在厦门街头愉快地散步。图上的女学生,都是缠足。据悉,这些学生可能来自毓德女子小学和田尾小学。照片作者是礼荷莲姑娘。①

---

① 礼荷莲姑娘是英国长老公会的一名女传教士,1888年到福建传教、办学。于1890年创办培英女子学校,从晋江、南安、安溪、永春等地招女生,家境贫寒的学生可以全免或半免学费。礼荷莲姑娘在厦门、泉州传教期间拍摄了大量的照片,有新婚夫妇、街道画家、劳作的妇女、示众的囚犯,堪称晚清生动的社会生活图景保存者。

清末厦门的流动理发摊

厦门郊区农村用牛拉磨碾米

ANGLO-CHINESE COLLEGE, KULANGSU, AMOY, MAIN BUILDINGS.
私立厦门英华书院校舍

私立厦门英华书院校舍

20世纪初荷兰报刊载有厦门风情的图片

三 其他老照片：风物之韵

我手上收藏有一张1920年代林尔嘉在鼓浪屿府内招待外国宾客的大尺寸老照片。鼓浪屿上著名的菽庄花园占地面积3000多平方米，有支桥藏海、叠石补山、眉寿堂、听潮楼、四十四桥、十二洞天、小兰亭等小景，是林尔嘉一手建立的私家花园。如果说陈嘉庚是厦门名片、华侨领袖，那林尔嘉可谓是鼓浪屿的代言人。

林尔嘉与外国客人合影

林尔嘉（1875—1951），系台北望族板桥林家林维源的长子，字菽庄，号称"百忍老人"。1895年，日本据台，日本人鉴于林家声望，曾诱林尔嘉父子入日籍，并许以职位，林尔嘉父子不为所动。

林尔嘉回到厦门后，时值清朝政府倡导自强运动，林尔嘉被选派任厦门保商局总办，兼厦门商务总会经理。任期6年内，先后制订《土地买卖章程》《华洋交易规约》等法规，创办电灯电话公司等实业，并组织"商民义勇队"日夜巡逻市场，厦门商务日渐繁荣。当时，清廷内阁学士、福州人陈宝琛为福建铁路督办，聘任林尔嘉为福建铁路襄赞。其后，林尔嘉与官场往来日渐紧密，先后获得农工商部头等顾问、币制议员、福建全省矿务议员、福建第二学堂监督等职。

林尔嘉还创设诗社"菽庄吟社",每值良辰美景,招邀名流,酬唱其间,集《菽庄丛刻》8册。2016年4月,鼓浪屿申报世界文化遗产系列丛书之一——林尔嘉菽庄吟诗及其家族诗选《鹭岛潮音》首发,该书由何丙仲主编,收录了林尔嘉和夫人龚云环家族17位诗人以及同代25位诗人的诗作。

在我收藏的照片中,有菽庄花园亦洞天聚会、林尔嘉在菽庄花园图、林尔嘉与蒋光鼐照片、林尔嘉与孩子在菽庄花园明信片等,真实记录了一代商界名流在鼓浪屿的生活。

(2)集美中学和陈嘉庚

我收到朋友惠让的十几张民国时期集美学校老照片,很珍贵。1921年2月,陈嘉庚定"福建私立集美学校"为总校名,简称"集美学校"。1918年2月,陈嘉庚将"诚毅"二字确立为集美学校校训。在培养目标上,始终坚持德、智、体三育并重、全面发展的教育方针。这十几张均是学校开展篮球、越野、游泳、足球等体育活动的老照片,见证了集美学校培育英才的付出和成就。

集美学校运动队

我还从海外拍回一些与陈嘉庚有关的老照片，下图中这座欧式校舍，叫集美幼稚园，是陈嘉庚出资建设的，1926年9月落成，在当时被称为"全国幼稚教育之第一建筑物"。

集美幼稚园

集美学校庆祝活动

(3) 延平郡王祠

我手上有一张民国初年厦门鸿山延平郡王祠老照片。鸿山，曾是郑成功屯兵的山寨，叫嘉兴寨，现在成了公园。延平郡王祠为拜谒郑成功用。从老照片看，当时厦门港一带尚未进行城市建设，当年的延平郡王祠属于闽南传统的双落宗祠建筑，周围荒凉，后山的石刻宛然可辨。郑成功(1624—1662)，福建南安人，明末清初军事家，民族英雄，抗清名将。1661年率军横渡台湾海峡，击败荷兰东印度公司驻军，成功收复被荷兰侵略者侵占38年的台湾。郑成功被赐皇帝姓朱，被尊称为国姓爷。鼓浪屿日光岩是郑成功屯兵扎寨、操练水师的地方，现仍存有寨门、水操台等遗址，日光岩上有郑成功大型雕塑。郑成功纪念馆建于1962年，是为纪念民族英雄郑成功收复台湾300周年而建立的，坐落于日光岩景区内。在厦门广为流传的博饼游戏，据传是郑成功为解士兵思乡之苦而推出的一种中秋节期间的游戏，一直风靡全市，成为厦门老少咸宜的中秋娱乐活动。

民国初年厦门鸿山延平郡王祠

(4)将军祠

我收藏有清末厦门城郊的将军祠牌坊群上色明信片。

清末将军祠陈化成牌坊

将军祠之前一直被认为是施琅祠和吴英祠,是为纪念清代两位英勇善战的福建水师提督而建。其中,施琅被称"靖海将军"。天启元年(1621年)诞生于福建晋江,历任清军副将、总兵、福建水师提督,封靖海侯、靖海将军。先后率师驻军同安、海澄、厦门。施琅任上设厦门海关,疏请扩建厦门城池,致力于通商训农、繁荣厦门文化经济。由于施琅抚定台湾有功,康熙五十五年(1716年),同安知事刘与元奉旨兴建起这座牌坊纪念施琅功绩。吴英是清朝福建水师提督,被康熙封为"威略将军"。可惜祠堂及牌坊已在战争中毁损殆尽,只剩下吴英祠堂门口"勋崇山海"牌坊前的古狮。

但近日,厦门市民俗协会副秘书长李志勇找到我,希望帮助查看明信片上面的牌文。我用放大镜一看,发现上面居然是"皇清诰授建威将军江南提督特旨于江苏闽厦两处各建专祠赐谥忠愍陈化成",原来这竟是陈化成的牌坊。这个重大发现我在厦门纪念陈化成殉国180周年时（2022年6月16日）向外界做了发布。不过，也有学者认为如果确认该牌坊是陈化成的，那应该不是位于将军祠，大概率是位于金榜公园附近。

　　1954年，在岛内工业建设如火如荼的年代，在厦禾路和将军祠的交界处，橡胶厂、电池厂、食品厂、皮革厂、酿酒厂、罐头厂等组成了"后江埭工业区"。后来，随着1993年7月1日厦门第一次大规模旧城改造拉开序幕，将军祠旁的厦禾路打通"任督二脉"，宽度从13米拓宽至50米，厂房被易地搬迁……将军祠曾见证了岛内工业的繁荣，见证着"退二进三"和"跨岛发展"战略的实施。目前，该地块迎来大发展，随着深田小学、百家村中学等的建设和陆续投入使用，周边配套日益完善。因此，有关将军祠的老照片也更加珍贵，因为它见证着厦门人如何将滩涂变良田、将荒凉远郊变成繁华都市，见证着历史的瞬间。

（5）南普陀寺

清末南普陀寺明信片

披沙沥金——我的厦门『私藏』

南普陀寺正门,前水后山

南普陀寺的玉佛

175

三　其他老照片：风物之韵

旧时僧人打坐

(6) 其他有时代性的照片

结交异姓兄弟

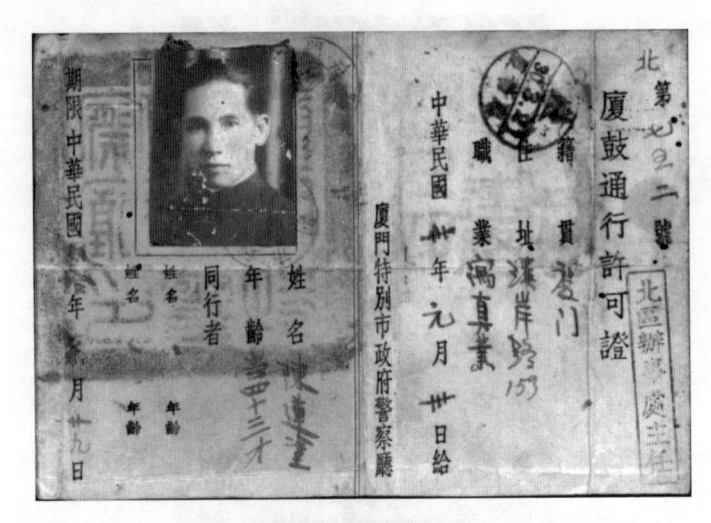

厦鼓通行许可证

月白圆领斜襟衫——旧时女子的流行服饰

三 其他老照片：风物之韵

清末厦门街头艺人

四

铜版画、木刻版画：中西之融

铜版画（copper plate etching），是一种在金属版上用腐蚀液腐蚀或直接用针或刀刻制而生成的一种版画，发源于欧洲。经过几年的努力，我共收藏有铜版画百余幅。这些具有"Amoy"和"Kulangsu"元素的铜版画，钩沉明清时期中外文化的碰撞与价值观的交流，很有意义。

有幅铜版画中，作者以在鼓浪屿远眺厦门岛为视角，远处是仙岳山、阳台山和狮山等高山，海边是厦门城，鹭江中停靠着多艘大小中式帆船。值得注意的是，近处船尾对着读者的这艘是荷兰东印度公司①的帆船，且正在开炮。

近几年来，许多人都被新冠疫情所扰，工作、生活都受到了很大的影响。疫情改变了人们的社交方式，疫情更让人时时绷紧神经、不堪其扰，休闲娱乐业如旅游、观影、餐饮、酒吧、娱乐等均受到重创，不少人谈疫色变。

其实，历史上，人类与病毒一直在做斗争，特别是与鼠疫、天花、麻风、"非典"等传染性疾病的斗争。疫苗是我们为此研究出来的最有效的狙击工具。

---

① 荷兰东印度公司，简称VOC，是荷兰建立的具有国家职能、向东方进行殖民掠夺和垄断东方贸易的商业公司，成立于1602年3月20日，1799年解散。

1671 年厦门港荷舰图

1883 年厦门端午节水上活动

四　铜版画、木刻版画：中西之融

1897年,法国《小巴黎》画报刊载伊尔森医生为厦门百姓注射疫苗木刻版画

我手上收藏了清末民初的一批版画(7张)和老照片(27张),其中有一幅就是《接种疫苗图》,这是1897年法国《小巴黎》画报刊载的木刻版画,描绘的是伊尔森医生正在为厦门的百姓注射疫苗,画中的亚历山大·伊尔森医生是法国著名的生物学家,是鼠疫疫苗的发明者之一,1890年他从越南出发前往香港,中途在厦门停留,为厦门的百姓看病并注射疫苗。

金门位于厦门东南,以"固若金汤,雄镇海门"而得名,曾是郑成功部的重要据点。《金门港郑经战舰图》这幅铜版画的角度是从海上远眺金门岛,右侧的古塔应该是建于明洪武年间的文台宝塔,左侧的城寨是旧金城,是郑经①曾经的军事重地。

---

① 郑经(1642—1681),泉州府南安县石井镇人。延平王郑成功长子,袭封其父延平王的爵位。多次参与郑成功的战事。

厦门局部图

1671年金门港郑经战舰图

  我手中收藏有阿罗姆铜版画。阿罗姆这位19世纪英国著名的插画师根据别人的画稿或游记,创作了大量的中国风景画,并于1845年出版《图绘中国》(*China Illustrated*)。

1845 年厦门城牌坊

有张从外海看厦门岛的铜版画,几乎完全来自想象。现实的厦门岛并没有如此突兀的山峰,其上也没有堡垒似的建筑。但是,画家笔下却把繁忙的鹭江表现得淋漓尽致,各式各样的大小船只,停满了海面,一个贸易繁荣的港口城市跃然纸上。

1845 年厦门风光图

阿罗姆从未到过中国,他所有关于中国、关于厦门、关于鼓浪屿的版画作品,均属闭门造车,但因有趣味性、娱乐性,给世人传递了一种美好的感觉。

这些铜版画,每张都有故事。它们都曾刊印在德国、法国、美国等不同国家的杂志上,配有德文、法文、英文等文字介绍。虽然我自己不认得几个"蝌蚪文",可是,这根本不影响我的收藏。在我心中,只要是关于"Amoy"的,就是我的"菜"。不论是查资料,还是请朋友帮忙、向专家请教,只要确认是鼓浪屿的、厦门的,都是我的珍宝,是我收藏的目标,我希望我的子孙后代以及其他的厦门人、鼓浪屿人都有机会看到以前先人生活的环境和状况,从而更加热爱脚下的这片土地。

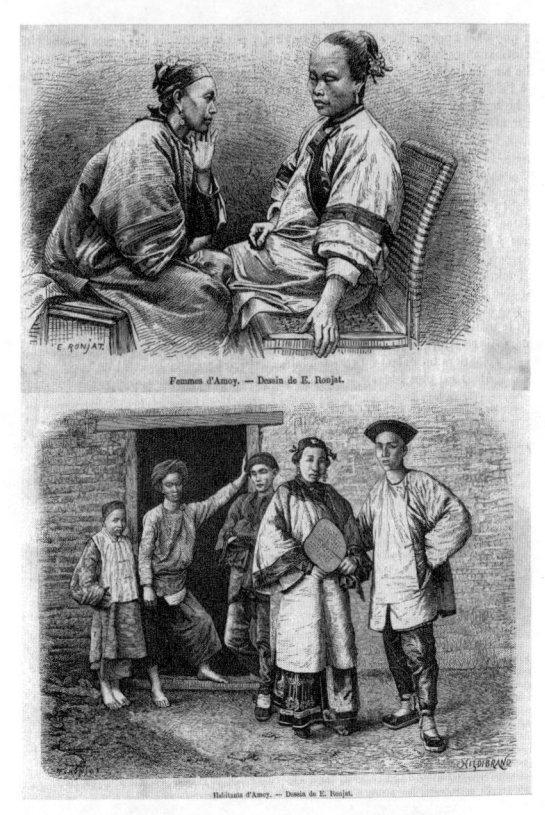

Femmes d'Amoy. — Dessin de E. Ronjat.

Habitants d'Amoy. — Dessin de E. Ronjat.

这两幅画作都是根据约翰·汤姆逊1870年拍摄的厦门百姓照片转制的木版画,刊登在英国的画刊上另外我还收有 19 世纪末期的厦门居民图,是根据约翰·汤姆森拍摄的厦门百姓的照片转制的版画,刊登在英国的画刊上。据厦门历史影像研究会会长高振碧介绍,约翰·汤姆森是 19 世纪后期著名的英国旅行摄影爱好者,曾多次携带笨重的摄影器材到厦门来。

Débarcadère d'un Temple aux environs d'Amoy.

厦门龙泉宫(1845 年)

五

粮户执照：农耕之忆

由我主编的《闽台粮户执照汇编》（全套 9 册）2021 年由广西师范大学出版社付梓，中国明史学会会长、厦门大学国学研究院院长陈支平为该书作序，认为这套以粮户执照为主体的资料首次系统地把各地粮户执照加以整理并推向学界，为中国明清至民国时期粮税制度史、社会经济史等的研究提供极具参考价值的珍贵文献。该书现已被美国哥伦比亚大学东亚图书馆永久收藏。

明万历八年(1580 年)归户由帖

什么是粮户执照？粮户执照是指明清至民国时期，官府征收田粮赋税、丁（人头）税等后，发给纳税人的凭证。因票据分上下

(左右)两联,故民间俗称"串票",也称"版串执照"。粮户执照既体现了老百姓缴纳土地等税赋的义务,又体现了官府的责任。

我 1986 年开始收藏历代古钱币时,就在古物堆里意外发现了粮户执照,虽然看着珍贵,但当时根本不明白其中的奥妙。于是我就把淘来的资料拿去请教文史专家,发现里头包含的内容相当丰富,"一张纸就可以见证一段历史",这让我产生了浓厚的兴趣。由于我常年在田间地头四处跑,各类古玩城四处寻找,经过 37 年的积累,现在我可以自豪地说,自己算是福建省粮户执照收藏之集大成者。这种收藏规模即使在全国范围内而言,也是比较少见的。

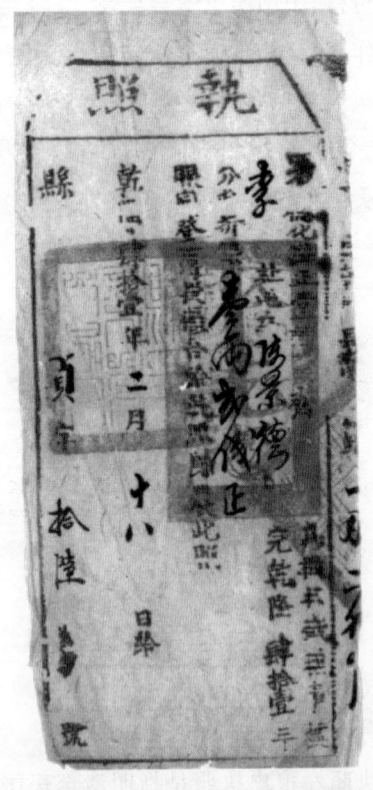

乾隆四十一年(1776 年)德化县执照

《闽台粮户执照汇编》图片均来源于我和泉州黄清海收藏整理的实物扫描件，读者可较为直观地了解到执照文献的基本面貌。书中收录上至明万历年间，下至新中国成立后福建辖内各时期的粮户执照及相关文献万余份。

陈支平教授特为此书作序，全文如下：

《闽台粮户执照汇编》（全9册）由广西师范大学出版社付梓，书稿图片来源于主编厦门陈亚元和整理者泉州黄清海收藏的实物扫描件。两位编者均为知名的福建民间文书收藏家，曾参与编写过不少地方史料性书籍，如《厦门侨批》《按章索局：图说厦门侨批》《厦门货币图录》《闽南侨批大全》等。今两位藏家联手整理出版《闽台粮户执照汇编》，可喜可贺！

民国时期以前，处于农耕文明时代的中国，土地是人民赖以生存的主要资源，也是官府（政权）获取管理运行的主要财政来源。在反映官府、土地与民众之间关系方面，除了官府政策、条例（则例）外，还有就是"粮户执照"。它是官府与民众就土地等税赋方面的"交易"凭证（纳税证明单），一是体现民众缴纳土地等税赋的义务，二是体现官府经办人员履行官府的责任。

粮户执照在不同时期不同县域的称谓不尽相同。众多的品种和版别，让收藏者产生浓厚的兴趣，主编陈亚元先生在粮户执照收藏方面力求完整、成体系，经过30多年日积月累，成为福建省粮户执照"大全"的收藏者，即使在全国范围内而言，也是比较少见的。本书精选收录上至明万历年间，下至清代、民国及新中国各个时期"粮户执照"万余张，涉及福建省辖各个县（旧县名）及台湾地区的台南府安平县、新竹县、彰化县和台湾府台湾县、苗栗县等，品种数千种，类各不同，但其核心内容都是纳税证单。如：明末称归户由帖、清丈归户单等，康熙时期称业户执照、执照、纳户执照、收票给照等，乾隆时期称收照、执照、纳户执照、存单、版串执照、收户执照、由帖单、钱粮银照、纳户执照等，嘉庆时期称版串执照、收照、纳户执照、小票、甲户收照、钱粮银照、戊寅执照、粮户执照、业户执照等，道光时期称纳户执照、版串执照、执照、庚子年版串执照、业户执照等，光绪时期称纳户执照、版串执照、版串执证、壬午年执照、粮谷执照、推单执照、钱粮串、参分执照、业户执照、钱粮执照等，民国时期称粮户执照、版串执证、丙辰执照、执照、执证、业户完谷执照、业户完粮执照等。

综上，本书涉及的粮户执照史料具有时间长、地域广、品种多等特点，有助于为研究者们分时段、分地域、分类别进行研究提供有力的帮助。

当然，"粮户执照"是即时官府形成（生产）的纸质的地方文献，时政性强，内容真实、丰富，涉及当地当时有关财政、税赋、金融、人口、土地（田地和山地等）、度量、印刷等方面信息。这些遗留在民间的官方赋税单据，是宝贵的历史文献，它真实地、直接地反映了闽台两省乃至整个国家在近代各时期的赋税制度和赋税文化发展演变的历史脉络，可为深入研究清代和民国时期闽台财政政策、赋税制度、土地政策、地名考证、金融货币等方面提供有力的考证文献。

2006年1月1日，延续2600年的农业税取消，中国数千年农耕文明留存的粮户执照成为人们的历史记忆，值得研究与传世！

六

老票据：密码之谜

就像挖掘到一座金矿后就忍不住继续挖掘一样，从鼓浪屿华侨银行仓库发现那一大麻袋票据后，我立即钻入票据收藏的深海，开始了我漫长的票据收藏史。

历经数十年的厚积薄发，我收藏的票据内容广泛、藏品丰富，不仅有发票、布票、粮票，还有钱庄的银票和金铺的当票、关税票、茶叶税票、膏捐票、花捐票、工商税票……可以说，凡是市场上曾经流通过的票据，都是我收藏的对象。集合起来，这些票据仿佛是一段真实而有趣的经济流转记录史。它们不仅仅是一张张票据，更仿佛是一段段无声电影，生动地还原了厦门当时的经济活动状况，见证了当时的苛捐杂税之多和民生之艰。

票据是时代的缩影，它真实地保留了历史记忆，记载了沧海桑田变化。

新中国建立时，国民经济已到崩溃边缘，为尽量保证每个人都能生存下去，国家以粮票、布票、肉票等形式，开始计划供给，尽可能地保证大家都有饭吃、有衣穿。我收藏票据，也是对历史的收藏，梳理票据就像是梳理历史长河里的经济活动。

我收藏的票据中有几个很有意义的地方。

一是在票据收藏中发现了竹筹码。我在收藏钱庄、金铺等票据时，发现这些票据居然与一种密码有关联。过去在金铺、钱庄中进行金银首饰买卖、银两交易等，要用戥子称重，然后开出票据。

有一次我在古玩市场看到了一张票据，觉得上面印着的字符就像天书一样，完全看不懂。后来在收藏的票据中，我发现上面盖着密密麻麻的、不知是什么意思的符号，令人百思不得其解。

有一个偶然的机会，我在漳州古玩市场购到一份《本铺制造各款改良四方号簿，开设石码中镇马路洋庄发兑》，才知那张票据上面的字符是一种古老的字码，被称作竹筹码。闽南民间称四方号，也称流水码。其写法是：1 为一竖，2 为二竖，3 为三竖，4 为一打叉，5 为阿拉数字"8"字右上打开口，6 为上一点下一斜横……从 1 至 100 的数字都有特定的写法。

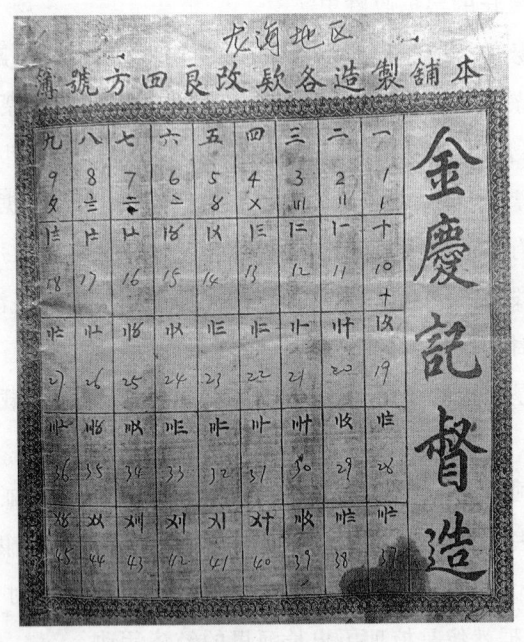

老票据上的竹筹码

二是通过票据见证海上丝绸之路。我有幸从某位厦门大藏家手中收到一批民国时期各式各样的厦门信局汇票。民国初年到抗战前夕,是厦门华侨汇款回国和华侨经济发展的繁荣时期,厦门侨批局业务繁忙,往来金额巨大,汇兑业务日渐壮大。我特别幸运的是,收到一批民国时期各式各样从南洋汇至厦门信局的汇票。其中十几张写着日里棉兰。日里棉兰属印度尼西亚,位于苏门答腊岛东北部日里河畔,棉兰市有爪哇人、马来人、华人等民族。这些早期下南洋的乡侨,出外谋生,省吃俭用,把银两汇回厦门、泉州。这就是海上丝绸之路的最佳证明,无可辩驳。

三是可以通过票据看厦门的历史变迁、经济活动和风土人情。

这些全是我收藏到的票据,因为有特别的意义,所以即使出重金我也不想出让。因为,我这是在收藏历史、保护历史。想到我手中握着的票据,就是旧日真实的交易,我很是得意、倍加珍惜。这些都是我从旧纸堆里一点一滴淘出来并分门别类整理出来的,门类繁多,耗费了我大量的心血,弥足珍贵。

1.地租银票

清康熙二十八年(1689年),靖海将军施琅奏请朝廷,对环厦门城周围四社民房、官地估价定税,所得充作兵饷。

同治四年(1865年)左宗棠督闽,正式成立福建省税厘总局,厦门厘局改名为厦门税厘总局,管辖泉州府、永春州所属分卡。辛亥革命后,厦门曾一度废止厘金,改为商捐,税厘总局亦改名为商捐局,因财政短收甚巨,1914年又恢复征收,商捐局又改名为厦门税厘局。

这份纳户执照的地租银,就是向厦门税厘局缴纳的,又称地税、铺捐、房捐、产业税,今称房产税。

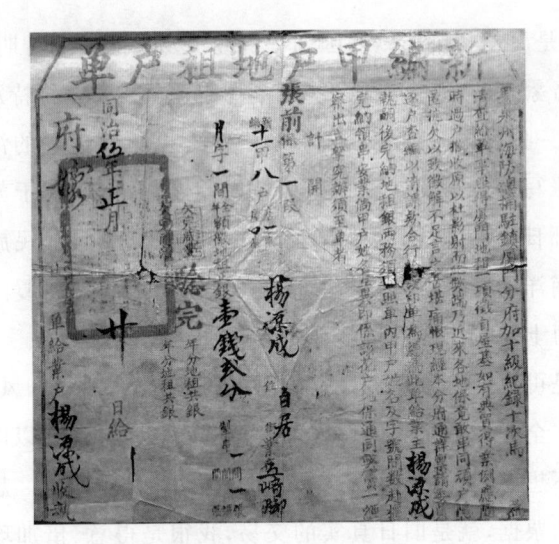

清同治五年(1866年)泉州海防总捕厦门分府新编甲户地租户单

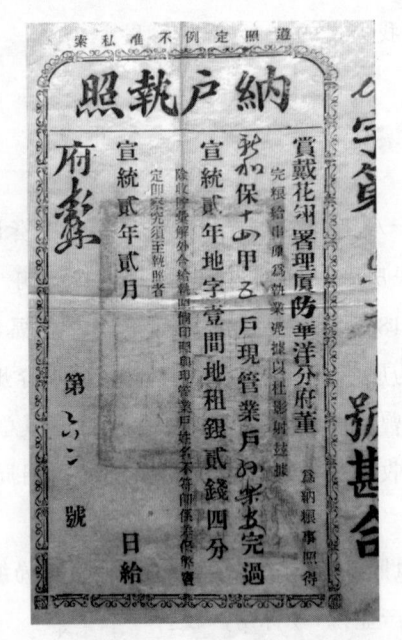

清宣统二年(1910年)厦防华洋分府地租银纳户执照

2.警捐车捐

厦门在1935年设市之前,税收系由特种公安局财政科和思明县税务局划区征收,前者管辖范围为市区,开征警捐、车捐、乐户捐等,后者管辖范围为禾山区和鼓浪屿区,开征田赋、契税、屠宰税、牙税、当税、炉税、杂捐税、清洁捐等。

苛捐杂税多如牛毛,见证了当时老百姓的艰辛。

3.印花税

厦门于民国元年(1912年)10月开征印花税,设立有福建省烟酒捐总局厦门分局(辖区:思明、金门、东山)。1920年,成立福建印花税处思(明)金(门)印花税局。1931年原有印花税局和烟酒税局合为印花烟酒税局,厦门也设立福建印花烟酒税局厦门区分局。当时由使用印花

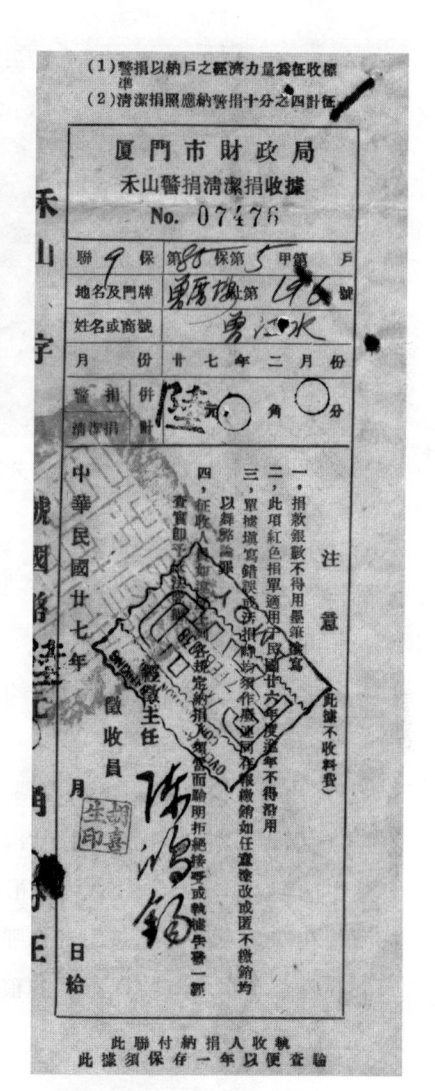

民国二十七年(1938年)厦门市财政局禾山警捐清洁捐收据

的人向指定的销售机构如邮局、电讯局、银行及印花税征收机关等购买印花,按税法规定贴用。

民国时期壹分印花税票

4.粮票、糖票、肉票

20世纪五十年代末至八九十年代,粮票是人们生活中不可或缺的票证之一。

当时,买米买面必须出示粮票。粮票作为一种特殊的流通证券,早已退出了现代生活。对于"80后""90后""00后"来说,这是个陌生的词,但对于他们的父辈祖辈来说,则包含了很多往事回忆。现在的老人见面还是问:"你呷饱没?"①

我收藏有很多有特殊意义的粮票、油票、白糖票。

---

① 呷:闽南语,意为吃。

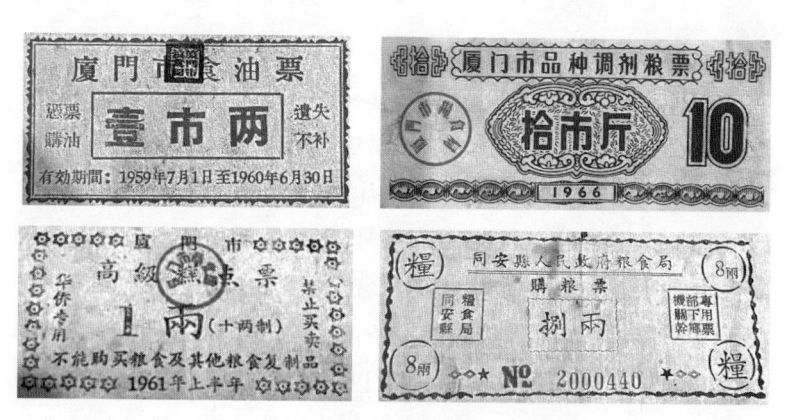

油票、粮票、糕点票

　　我手上收有多张粮票。有张1979年的粮票，版面图案是军民海防站岗。城市户口可以吃上公家粮，说的就是有粮票供应。5斤票就是可以去粮店买5斤大米。当时本市的普通居民是每人每月24斤，在职的职工还有在校的中学生是28斤。记得当时我一家4口人每月只有100多斤的粮票，一家人每月都要精打细算过日子，一部分作为口粮，还要拿出一部分去换购其他生活用品。

　　记得1987年8月，市食杂公司为了解决市场食糖供应紧张的问题，凭市区粮证供应白糖，每人一斤半。当时的商品流通证就是专门用来购买白糖、黑糖的。肉票则是用来买猪肉的，很多人都会买一些来炸猪油，炸完用猪油来炒菜，因为花生油每个月才四两，根本不够炒菜用。

　　粮票浓缩了一个时代的记忆。它是国家在粮食匮乏、商品短缺的特殊年代，为解决全国人民吃饭问题而印制的粮食供应凭证。1953年，国家出台了"统购统销"政策。1955年，第一张粮票开始发行，从此中国老百姓进入了"票证时代"，直至1993年全国取消粮食定量供应，粮票终成历史。近40年的风雨历程，见证了计划经济向市场经济的转轨。2001年5月1日起,国家正式取消粮油关系凭证。

我有幸拥有两枚非常珍贵的福建早期粮票。该票是华东财政经济办事处发行的米票,面值拾市斤、伍拾市斤。其正面印有华东财政经济办事处的红印鉴,并有编号,还加盖福建区章。拾市斤米票又加盖福建省粮食局章,下面写着"本票限于民国三十八年度使用"。背面有6条说明,其中第一条:"本票由部队机关在有效期内向粮站领粮。未设粮站地区向乡以上政府,不得直接向人民兑粮。"第三条:"本票禁止人民流通使用及买卖。"第五条:"本票印有华东字样者在华东地区均可使用,印有苏南、皖南、浙江、赣东北字样者只准在各该地区使用。"这两张粮票票面设计大方、典雅、庄重,印制精致美观。由于使用期限为民国三十八年(1949年),流通仅限于福建省,用后上交销毁,故留存的票品极少,弥足珍贵。这是我从一位离休干部手中获得的。

经过上山下乡的锤炼,我深深地明白"锄禾日当午,汗滴禾下土,谁知盘中餐,粒粒皆辛苦"的真正意味,因此对与"粮"有关的收藏特别有感情。我手上存有的粮票无一不在提醒我们,要记住历史、珍惜眼下美好的生活,要惜福。希望大家能一起身体力行,节约粮食,不负好"食"光!

5.铺税

我收藏册里有两张福建省政府财政厅民国二十五年(1936年)9月开具的厦门第三市场(今碧山路)26号及44号铺铺税正税单。这两张铺税正税单规制严密、印刷精良。票底下的经征长官签章为周敬瑜①。这张票据令人不解的是民国二十五年（1936年）9月厦门市已经成立1年又5个月，但税单骑缝上印的是"思明县□字□号"。

民国二十五年（1936年）厦门市公安局征收门牌费收据

6.厦大旅社票据

我有几张厦大旅社票据，当时很多人误以为厦大旅社是厦门大学开的店，事实上并非如此。其旧址位于思明区思明西路62—

---

① 周敬瑜，浙江县人，毕业于日本京都帝国大学经济学部，民国二十五年（1936年）4月任厦门市政府财政局局长。

64号,它见证过一段特殊历史。1945年抗战胜利,同年9月28日,侵厦日军在鼓浪屿举办签字投降仪式。10月3日,福建省保安司令部副司令严泽元与时任厦门市市长黄天爵由石码乘船抵厦,将日本侵厦时的"柏原旅社"改为厦大旅社,在这里接受日军投降,完成对厦门市的接管。厦大旅社即今日的"民主大厦",曾是厦门第二高楼。它见证了抗战胜利历史性的一刻,当时市民在旅社门前,列队迎接受降官员,很是扬眉吐气。

这些票据还原了活生生的历史,是我收藏中的珍品。

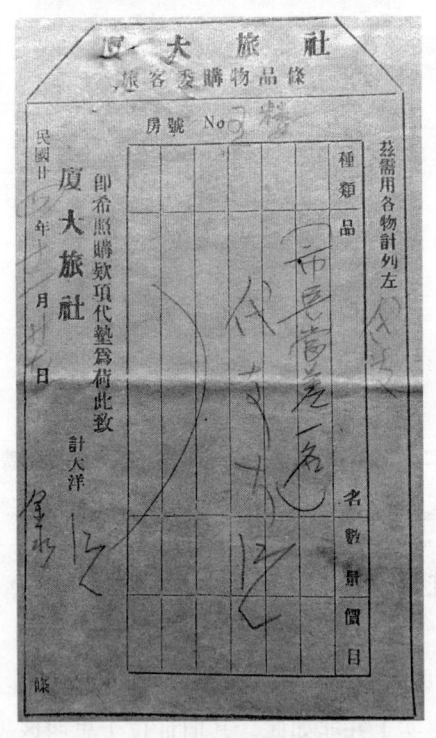

民国二十四年(1935年)厦大旅社票据

七

侨批：思乡之歌

"侨"指华侨。"批"是闽粤方言中"信"的意思。"侨批"专指海外华侨经由水客、民信局、批信局、银行等途径，从海外汇寄至国内的汇款暨家书，是一种银信合一的特殊载体。

一封封侨批，在时光里泛黄变脆。不变的，是思乡的泪，是爱国的心。它记载着海外侨胞在异国他乡充满血泪的辛酸奋斗史。很多人在海外赚到钱后，就会把钱及信一起装在信封里，托人寄回来。一开始是通过水客，后来量多规模大了，就有人应需成立了信局。

我收藏的侨批大概有550多封，来自不同的国家。年份最早的是1911年，最晚的是1991年。鸦片战争以后，中国积贫积弱，许多不甘于现状的闽南人或主动或被动地走出去，移民或者下南洋到新加坡、马来西亚、南美洲等地打拼、赚钱，开始了规模浩大、可歌可泣的跨国"务工"。他们在异国他乡筚路蓝缕、吃糠咽菜，却把血汗钱寄回故土、老家，孝敬父母、支持家乡建设、帮衬子侄就学。侨批见证着华侨和家人之间辛酸又温暖的故事，是人间至爱至情的体现。

其实，侨批最初是请水客帮忙寄的。当时没有邮政，只有信局。侨批通过信局，从海路历时一两个月寄到厦门集散地，再由厦门寄往闽南各地。每封侨批都有故事，游子身在外，心怀故园情，血缘不断、亲情不断,许多人把省吃俭用、辛苦赚的血汗钱通过侨批寄回来。

厦门向海外移民的历史约二百年。据史料,1822年前后开始,每年约有7万人从厦门和广东陆丰出国。侨批局这一新兴的行业应运而生,并得到迅速发展。清光绪三十四年(1908年),侨批信局在厦门有76家之多。1938年日军侵占厦门后,侨批局有的停业,有的转移到鼓浪屿租界内继续营业。至1942年,厦门城区有信局60多家,鼓浪屿也有60多家。抗战胜利后,鼓浪屿上大部分信局搬回厦门,岛上仅剩19家。1949年,厦门共有侨批局117家。1957年7月,中国银行收回侨批业务,侨批局至此完成其历史使命。

据福建省档案馆编的《福建华侨档案史料》记载,鼎盛时期,厦门的信局多达176家,占福建省总数的75%。直到1949年,厦门仍有侨批信局117家。

"双亲大人尊前敬启:儿自拜别由厦门搭船起程水途,幸获平安……""在外托天庇佑,幸获平安。""一转瞬间,速经半载矣,每念只深遥想……"一封封侨批,就是一滴滴相思泪。在侨批中,可以看到许多人间的至情:亲人之间互诉相思之苦、协商钱款之事,不同的是当时局势,而相同的,则是传统的家国情怀,是孝亲携幼的亲情,是听到"你家人从南洋寄钱回来啦!"时的欢喜,是血脉亲缘不断的见证。

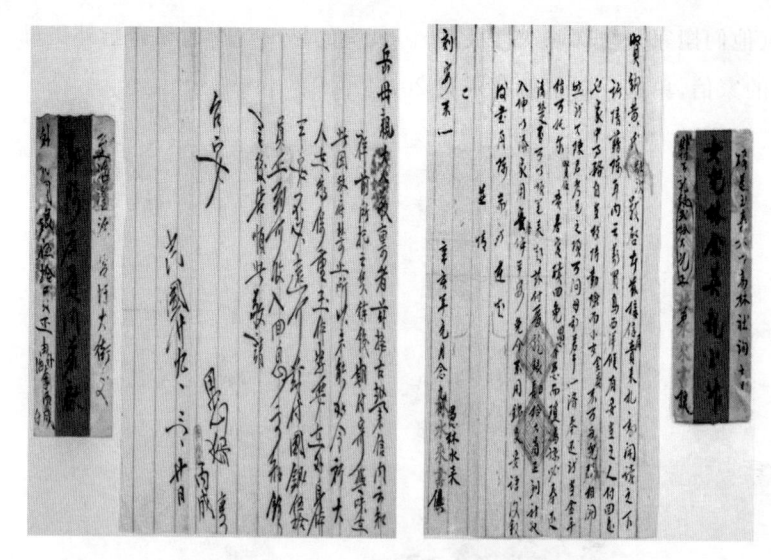

侨批

很多侨批信中除了说一些寻常家事,还会有"兹付去光银四元收入"之类的信息。细看内容就会发现,侨批不同于一般的书信,侨胞常通过侨批寄钱支援家庭生活、家乡建设或是国内革命运动。"侨批的内容小到家庭,大到国家大事、国际形势,内容很广泛,有一些海外的华侨还通过这样一种形式资助国内的革命运动。"

地方的,才是特色的。到底什么才是最具有闽南味道的物件呢?这个问题困扰了我很久。收藏的水很深,收藏的时间纵深很长,收藏的内涵和外延可以不断拓展。而我,财力、精力有限,只能专注于厦门特色的物件。

因此我锁定收藏带有厦门信局邮戳的侨批,收藏特殊年代厦门与华侨的血脉情深。为此,20多年来,我常常天不亮就光顾东渡、万寿等古玩城,甚至跑到漳州、泉州的古玩市场淘宝。为了一封盖有"天一信局"邮戳字样的侨批,我曾花了3000元(当时厦门城镇单位职工的平均月工资才2000多元)收了一个家族的侨批

（他们搬家时全部一次性处理）。最贵的是一封李清泉寄给外祖母的家信，单这一封信就花了我 2000 元。

厦门郭有品天一信局陈成发家信

当时不少人认为这完全不值，因为看起来就是一堆旧纸，如果不被收藏，它们的命运大多是被丢在垃圾堆里，或藏在哪个抽屉的底部，不见天日。但我一直觉得这非常值得，因为天一信局曾是中国历史上规模最大的信局，在收藏者心中地位很高。侨批代表着厦门，代表着亲情、真情，侨批每一封信里都是真情实感、真人真事，这是最厚重的跨国跨洋两地沟通的历史，也是人间至情最真实的再现。

侨批，最初没有人认识到其价值，感兴趣的人少，收藏价极低。我也是 1990 年才开始收集侨批的。厦门曾是省内侨批分流的中转站，为我的收藏创造了很好的条件。由于收藏侨批的人不多，我自己也只能慢慢看书、不断摸索，看得多了，也就懂了一点门道，有时候也能买到好东西。圈子里的朋友们知道我在收侨批，发现好东西也会通知我，我也托了很多国外的朋友帮忙收集。

侨批作为一种原生态的民间文献，记载了那一时期中外商贸往来、金融汇兑等情况，承载了世界各地与侨乡交流的丰富信息，可与官方典籍互为印证、互为补充。后来，它还成为鼓浪屿申遗过程中的一个重要佐证材料，成为海上丝绸之路的有力见证，见证了东南亚地区与厦门乃至闽南的关联，见证着华侨与国内乡亲互帮互助的人间至情。从我收藏的不少侨批可以看出，随侨批寄来的还有支持孙中山革命的大额款项。南洋华侨把赚来的钱捐出来，寄给同盟会，支持孙中山的革命活动。从侨批的去处可以看到，当时厦门在侨乡与南洋的联络中，起到了一个不可忽视的枢纽作用。我就因为特别留意到这一点，后来就着重收藏有厦门信局盖章的侨批。

此外，侨批也具有一定的经济价值，我常从古玩市场上买到侨批，然后出售给同行，赚取差价。同样的东西，在懂行的人那里能卖上更好的价钱。随着侨批价值被发现，现在收藏价值也水涨船高了。

2014年，思明区侨联主席苏枫红告诉我，故宫路有侨联之家，希望把我的侨批拿出来作展览，弘扬海外侨胞心怀祖国、襄助同胞的义举。我同意了。后来编了本书《按章索局：图说厦门侨批》，洪卜仁和我主编，这个书编得很大气，很有意义。参与编写的黄清海是泉州的、林南中是漳州的，都是这个行业很有成就的专家，都是我介绍的。建议感兴趣的读者可以去买来一阅，保证有所收获。

侨批曾带给我温暖的记忆。记得小时候，住在鼓浪屿，常听到有邮差扯着脖子高喊："某某某，有人从南洋给你寄侨批了。"那时候不仅主人连邻居们都欢天喜地的，像过节似的。因为随着侨批过来的，不仅有书信，而且基本上都有钱款，可以帮助解决孩子就学、老人救治等生活难题。那些款项可能会让主人家开心，把平时都不舍得吃的瓜果和糖拿出来跟邻里们分享……

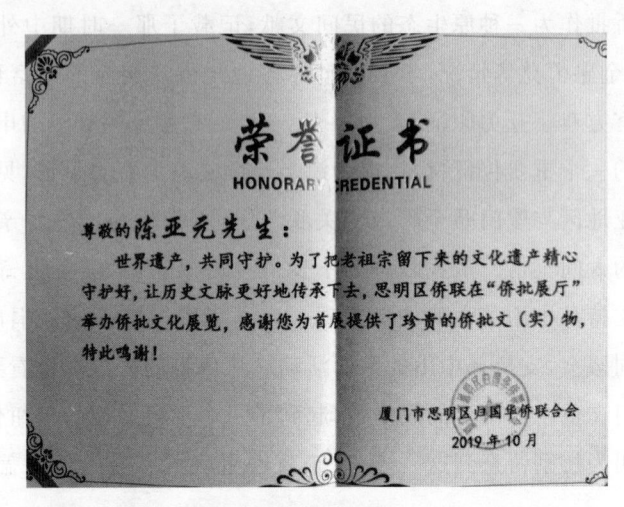

思明区侨联颁发的荣誉证书

在饥荒年代,侨批是很多人的盼头,是生活里的一盏灯火、一颗星,照亮了许多人艰难的前行之路。

八

老报纸：往事之多

我是无意中开始收藏旧报纸的，或许缘于我有当过记者及通讯员的经历吧。

"为什么收藏报纸？报纸不就是一次性消费的东西？很多旧报纸的命运不就是被丢进了回收炉？"

很多人问过我这些问题，我的回答是"老报纸也是史料中的一部分，只是没被人太多关注。许多史料上没记载的东西，可以通过老报纸找到答案"。收藏厦门老报纸很小众。对很多人来说，这仅仅是一张张老旧的报纸，但对我来说，这是我们脚下这片土地某一天鲜活的记忆。

每一张报纸都有自己的"个性"和独特意义。

昨天的报纸就是今天的历史。报纸是我们认识先辈思想观念、生活方式的一条时光隧道！

经过20多年的积累，现在我收藏的厦门本土出版的清朝及民国时期的老报纸达70多份。它们记录了厦门曾经的历史，可以说是民间的编年史。很幸运，我保存了这部分珍稀资料。

1.《鹭江报》

厦门是最早对外开放的五个通商口岸之一，是中国最早有报纸的城市之一，中外文化在此交融碰撞。厦门第一份报纸是1872年传教士创办的《厦门航运报道》，随后传教士又在厦门创办了《鹭江报》等。

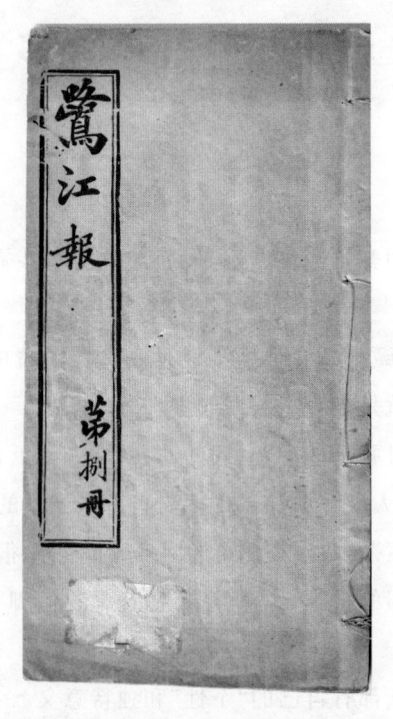

光绪二十八年（1902年）《鹭江报》第八册

我有两份《鹭江报》，是英国基督教伦敦会牧师山雅各（Rev. JasSadler）1850年到鼓浪屿传教办学后创办的。《鹭江报》名为报纸，实为一份旬刊，装订成册，每十天一期，竖排，看似一张私人办的宗教性质报刊，实际上是以英国驻厦门领事馆为后台的政治性刊物。山雅各办报本意是作为"中国的好朋友"来参与中国的内政，仿效外洋规矩，通过报纸上传下达，革除中国"弊政"。

2.《南声》日报

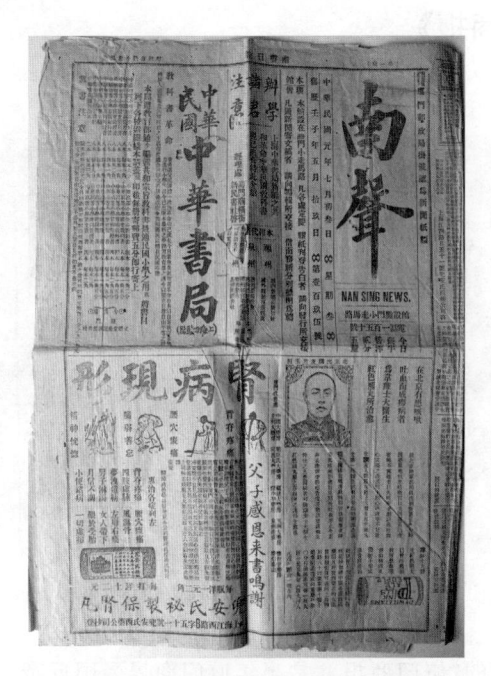

民国元年（1912年）厦门《南声》日报

我手上收藏有1912年同盟会厦门分会创办的机关报《南声》日报，其宗旨为"标榜革命主义，鼓吹民权"，总编辑为张海珊，与当时日本人操控的《全闽新日报》相抗衡。该报纸呼吁民众参加革命，声势响亮。只可惜一年左右即被查封，存世报纸不多。

我较早时在旧货市场淘到了一张《南声》日报，当时真可谓"喜出望外"。可惜后来因为有老朋友做研究要用，只好忍痛割爱。

后来，我又在台湾拍卖网上发现《南声》日报，就委托朋友高价买下。我手上这份报纸是1912年农历七月初三星期三的《南声》日报。报纸上不仅有广告，还有国际国内新闻、当红小说连载。有每日的米价、煤油价、上海纱价、面粉价、豆价、饼价，连汽船、轮船的标价也记录其中，非常有意义，当年的标价为2分5厘大洋。

3.《厦门商报》

民国十二年（1923年）《厦门商报》

我收藏的《厦门商报》，是当年厦门商界爱国反帝斗争的产物。五四运动前，人口只有十多万的厦门，经济几乎完全被帝国主义控制——鹭江道沿岸开设了十多家日本洋行，厦门的金融市场更被日本和英国财阀操纵着。五四运动后，厦门商界精英开始醒悟并罢市抗议。1920年秋，为支持各界人士的正义行动，厦门商界决定打造出属于自己的理论武器，体现喉舌力量。故于1921年1月1日，由厦门商会总会创办了《厦门商报》并首发。

当时《厦门商报》的办报宗旨是提高人民爱国爱乡认识，引导大家关心国家大事，并披露市场行情，一份《厦门商报》大小为对开两大张，社址最早位于布袋街（即如今的升平路附近），头版为国内外要闻、重要启事，二版、三版为货物行情，四版、八版刊登广告，五版为外埠商情，六版为闽海经济，七版为副刊。由于有商会会员出资刊发本土广告支持，《厦门商报》办报算是坚挺。报纸上宣传的多为本土企业，目的是支持国货。1936年12月，《厦门商报》宣布停刊。

我手上的这份报纸是从漳州收集来的，民国时期很多漳州人来厦门做生意。这份《厦门商报》刊有三堂药酒的广告。现在看着以前的广告，其实也挺有意思的。现在的厦门，大大小小咖啡屋，满街都是，最出名的就是西堤咖啡一条街。在上世纪二三十年代，咖啡馆可稀罕得很，是厦门人举办小型宴会、聚会或各种休闲活动最理想的场所，还兼售西餐。夏天还售卖冰激凌、汽水等。我收藏的老报纸广告中，可以看到一些咖啡馆还设有京剧、南乐表演、歌舞助兴，热闹非凡！

4.《思明商学日报》

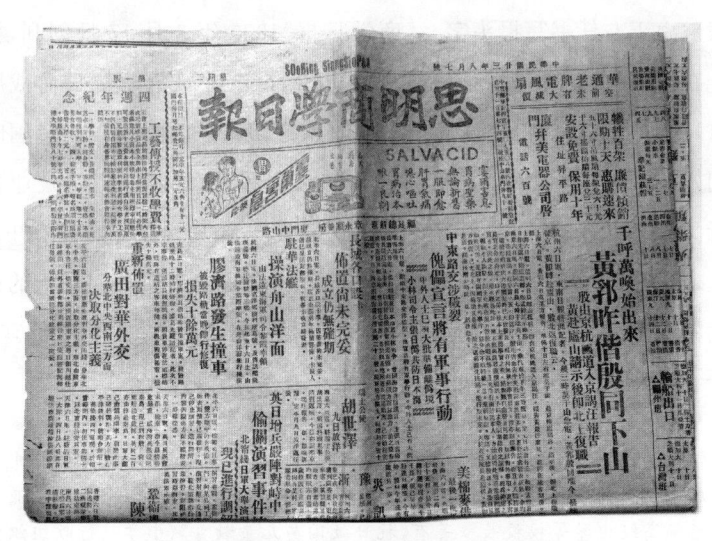

民国二十三年(1934年)《思明商学日报》

我手上有一份民国二十三年（1934年）8月7日《思明商学日报》，是紫日老弟在网上帮拍的。1934年2月1日，《思明日报》与《商学日报》合并成为《思明商学日报》，社长林廷栋，这是一份爱国反帝的报纸。

5.《同声学刊》创刊号

我还有一份民国十三年（1924年）厦门集美学校同安学会《同声学刊》创刊号，是瑞哲老弟帮拍的。发刊词作者王秀南[①]，此刊极其少见。

6.《商学日报》

我手上有一份民国二十二年（1933年）1月31日的《商学日报》，由于右任书写报头字。《商学日报》1930年3月17日创刊，社址在思明北路56号。该报纸内容丰富，有东北义勇军抗日血战题材，还有一则厦门市公安局乐户捐兼乐户印花征收税通告。民国时期娼妓虽为社会毒瘤，常引起严重的治安和社会问题，但娼妓业盛行又带来可观的税收，当时政府对此未予取缔，而是允许妓院公开营业，向其征收捐税，开办所谓的花捐，又称乐户捐。为加强对花捐的征收，公安局设立了乐户捐征收所（俗称花捐局），所址在寮仔后水仙宫。

[①] 王秀南（1903—2000），福建同安人。历任河南大学、中山大学、暨南大学、厦门大学等校教授及福建集美师范、福建省立龙溪中学（今漳州一中）、福建省立师范学校、印尼华高级商业学校、马来亚麻坡中华中学、马来亚巴生光华高级中学等校校长。著有《抗日救国与儿童教育》《小学校行政组织问题》《战后中国的国民教育》《教育学科教学法综论》《东南亚教育史大纲》《教学著述六十年》等。

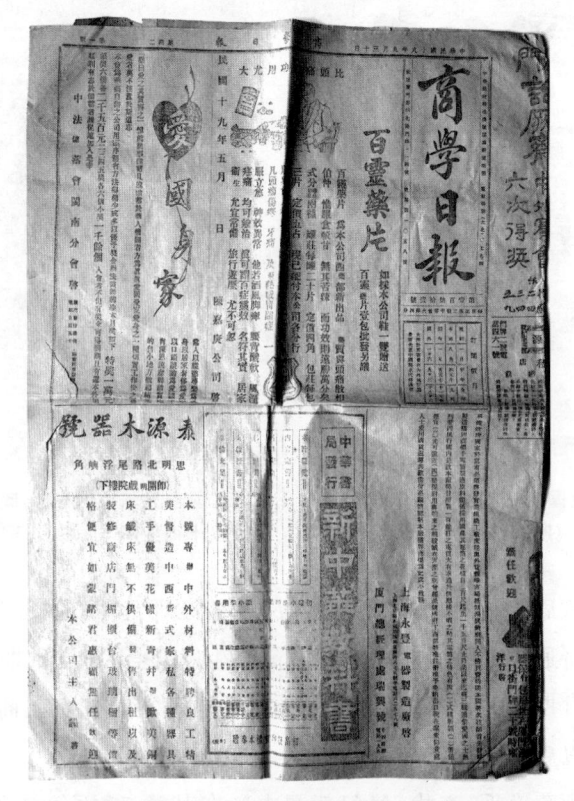

民国二十二年(1933年)厦门《商学日报》

7.《厦门学生》

　　记得十几年前,有位朋友知道我在收藏,拿了一份罗扬才的厦大毕业证书让给我,由于当时囊中羞涩,没买成,失去了机会。后来偶然收到两份期刊——一份是罗扬才创办的《厦门学生》,一份是马寅初题写刊名的《炉炭》。得到这两份期刊,我无比高兴,又增添了收藏厦门老报纸的信心和决心。

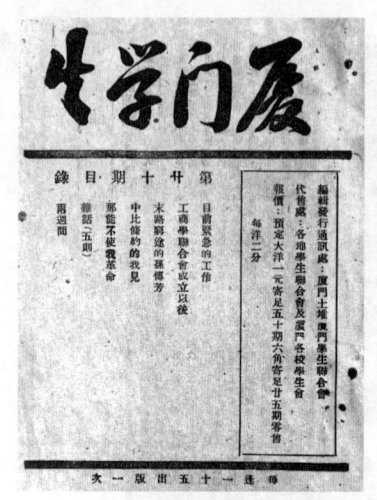

民国十五年（1926年）
《厦门学生》期刊

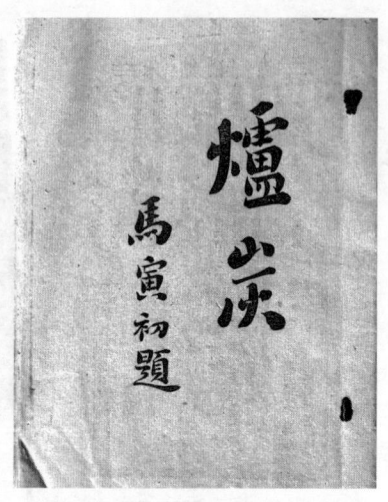

民国十五年（1926年）厦门
双十商业中学《炉炭》期刊

收藏后，为查找史料，我经常深夜挑灯研究，发现《厦门学生》编辑发行通讯处是厦门土堆巷厦门学生联合会，第二十期没有注明发行日期。我细读里面的文章，发现有篇文章名为《工商学联合会成立以后》，落款日期为1926年11月28日。

我顺藤摸瓜，查找《厦门新闻志》，在其第75页第二段"共产党、革命群众团体报刊物名录"中收录有《厦门学生》，称其为厦门学生联合会于1924年在"非基"（非基督教学生同盟）运动中创办的进步刊物。我手中这期刊物内容很丰富，写道："厦门的学生如欲寻出路，也必要革命，我们应该全体革命化起来，使帝国主义、买办、官僚、土豪、劣绅及一切恶势见而害怕，使各县的同学们都来效样。""十一月二十八日上午十时开会，到会者有女子公学、民立女学、青年会、美术学校、双十中学、厦门中山中学、武荣学校、十三中学、厦门大学，推罗扬才君为主席。"

8.其他

我收藏有一份民国三十六年(1947年)5月26日发行的《厦门青年日报》。该报1945年5月11日创刊,社址在厦门光彩街2号,发行人郭薰风,社长吴雅纯,是厦门三青团的机关报。1947年10月改名《厦门日报》,1949年9月停刊。

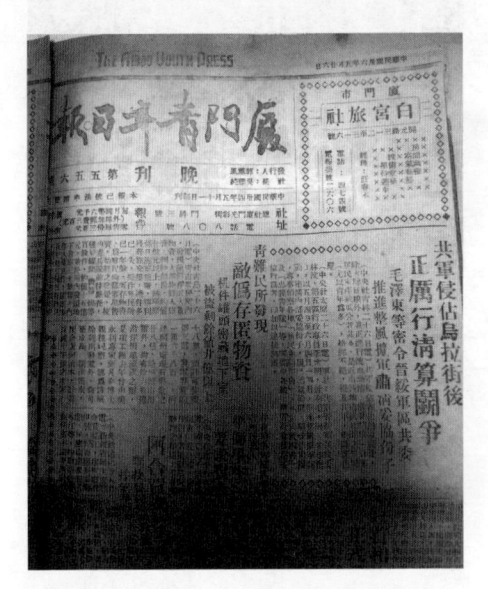

民国三十六年(1947年)《厦门青年日报》

还有民国三十五年(1946年)8月8日厦门《宇宙报》,其第四版刊登启新印书局承印中西文件、各种簿记书籍的广告,地址为鼓浪屿龙头路十一号,电话(鼓)一九七号。启新书店(启新印书局)是黄猷自掏腰包开办的秘密印刷所,这份报纸是鼓浪屿红色记忆的历史见证!

民国三十五年（1946年）厦门《宇宙报》

九

老地契：兴衰之迹

我花了 36 年收藏了 200 多张老地契，这些地契最早可追溯至明朝，最晚的是 1945 年。其中有一半是厦门特别是岛内厦禾路至沙坡尾一带的土地房屋地契，从字里行间能看出当年旧厦门的些许风貌。其他的则多是福建省内各地地契，还有部分是江西等外省的。

我收藏有很多地契。地契分"白契"和"红契"。经官家认证后的地契叫"官契"，也叫"红契"，有加盖州县官印（骑缝章）。自拟未经官家认证的叫"白契"。建议收藏地契的人把重点放在"官契"上，因为"白契"最容易出现伪品。

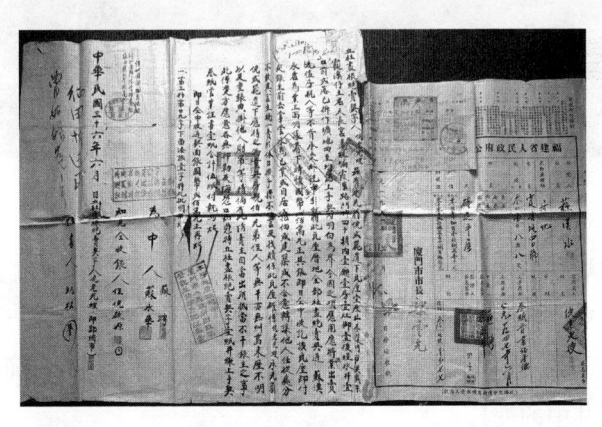

红契

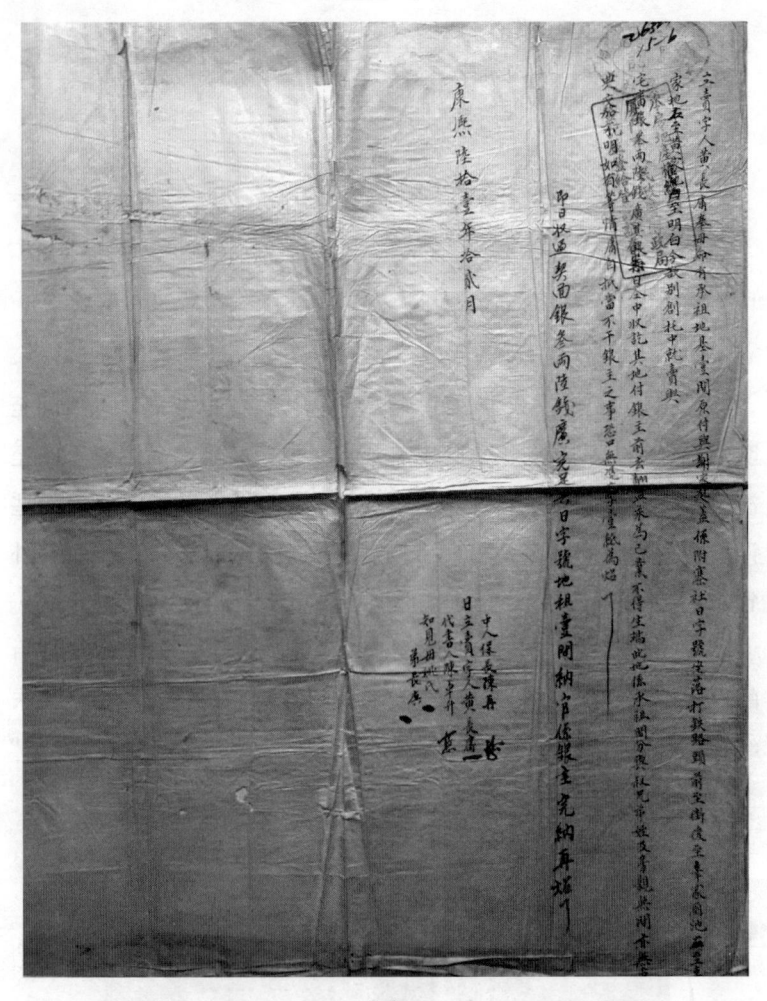

白契

　　收藏一张地契，然后解读它，仿佛解读一段历史、解读普通百姓的悲欢离合。中国人讲究"住有所居"，希望"安得广厦千万间，大庇天下寒士俱欢颜"。土地与房屋，就是中国人的根。而地契，见证了其中的变迁。

1.打铁街

我收藏有一张老地契,上面写着"全址在埒寨保打铁街,门牌第157号三面,言议每年租金计国币一十二万元"。如今的打铁街157号,在打铁街与横竹街的十字路口附近,但早就没有以前"三层四层"楼层的状况,这张1936年的租房契约,是当时政府所定的标准格式契纸。

现在,翻翻这些东西,就能知道当年的厦门中心在哪里,频繁出现的地方就是以厦禾路、思明南路为坐标的一带,可以详细地指出目标房屋所在。而相对偏远一些的地方,就无法标识门牌号。"前至河,后至溪,左至黄家厝……"一套坐落于黄厝的房子就是如此标明地标四至。这证明当时那里非常荒凉。与现在的高楼林立相比,可看出厦门发生的翻天覆地变化,这是新中国发展、厦门改革开放成就最鲜明有力的证据。

2014年思明区档案馆公开征集特色档案史料。2015年3月25日,我积极响应,把一张康熙六十一年(1722年)厦门打铁街一间店铺的地契及其他六张福建省地契捐赠给思明区档案馆,这成为该档案馆年代最久的馆藏档案,档案馆还特地给我颁发了证书。

通过老地契,我们可发现,康熙年间打铁街生意红火。一间旺铺可卖15两银子,地契上写着:"议转典出银原价银壹拾伍两……"15两银子可真不是一个小数目。据史料载,1两银子可换1000多文制钱。1~2两银子,可供当时的民众一个月衣食无忧,15两银子可算是一笔巨款了。

据介绍,当年厦门海运昌盛,打铁店生意非常红火,码头每天都停靠大小运输帆船和渔船。船只需要加工船锚和铁链,修理各种铁器等,这让靠近码头的打铁街成了当年打造铁件作坊集中地。

因此，想要在打铁街上买上一间店铺，要花上 15 两银子也就不难理解了。打铁街因此声名远扬，连码头也一度被叫作打铁渡头。

通过地契这样的实物，可以迅速地还原历史、较直观地了解历史。

2.苏维埃政府

不久前，我收到一份 1930 年 10 月 14 日永定县苏维埃政府征收土地税收据，这份收据我等了十几年，终于有缘到我手上，实属罕见品！它生动地再现了历史。

3.集友小学

我收到一些关于民国十八年（1929 年）陈礽言及陈华登以"和华公司"名义购置深田内（模范村）六段官地的证明书，从一些契证看陈礽言在大中路、人和路等有多处房产。陈华登是活源信局及华南皮革厂的老板。我认真翻阅，还发现一张收据写着陈礽言在民国二十五年（1936 年）11 月 17 日捐助建筑费大洋五十元，并盖"厦门私立集友小学校铃记"的红印章，经手人是校长吴万镇。起初，我还以为集友小学是在集美，而后翻阅了《近代厦门教育档案资料》，发现集友小学是在百家村，于 1920 年创办。

十

老物品：时代之印

1. 戥(děng)子：衡器之精

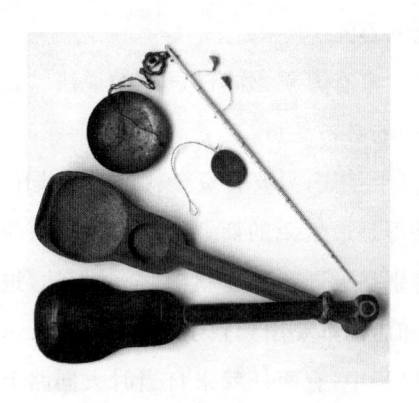

清代戥子

一说到戥子，我就很想把实物拿出来给大家看看。因为，很多人对这名字其实很陌生。它们真的长得很漂亮，不仅自身长得小巧可爱，很多放置戥子的外壳就像缩小的小提琴，非常精致。

戥子，学名戥秤，据传是宋代刘承硅发明的衡量轻重的器具，属于小型的杆秤，是旧时专门用来称量金、银、贵重药品和香料的精密衡器。这种戥秤结构合理，测量精度为一厘，相当于今天的

31.25毫克。这样的称量精度，在世界衡器发展史上是罕见的。它不仅表现了我国历代手工艺人的精湛技艺，更体现了古人的智慧，是中华民族的宝贵遗产。同时，由于模样娇小、形状可爱，也给人一种精神文化的享受。[①]

我现在收藏有20多杆戥子，它们和2000多张钱庄票据都是清末民初的藏品，见证了当时的商业金融发展状况。

"戥子"，闽南人称之为"厘戥"（厘表示其小）。戥子的设计和制作工艺都很精巧，木制或竹制盒一般呈葫芦形，犹如微缩的弦琴盒。秤杆有象牙、骨等材质。秤砣有圆形、方形、椭圆形等多种。戥子有大有小，但都很轻便，可以随身携带。价格主要是根据材质和完整度而定，比较精致完整的，一般一杆五六百元。如果是象牙材质的，则要七八百元。

民间流传着"家有万贯，外有戥子"的说法。戥子也是有钱人家嫁女时嫁妆中的必备品。

上世纪二三十年代，只要有资金就可以开钱庄。厦门大同路、升平路、海后路等是最繁荣的商业街、金融街，有绸布店、金店、钱庄、参行等。特别是大同路钱庄很多，金融发达，进口洋参店也很多。这些钱庄和店铺都要用到戥子。

我收藏的戥子中，有两杆就来自当时大同路上的钱庄和洋参店。还有一把是家传的。记得父亲总是很细心地用红布包起来，把它藏在家中的橱柜里。我们全家下放到永定湖雷公社时，那杆戥子也一直跟随着我们，后来又被从永定带回厦门。这杆家传的戥子做工精致，上面有"玉昆号"字样，保存完好，外盒为红色木质，长约32厘米，葫芦形。秤杆为骨质材料制成，圆形秤盘是铜质的，

---

① 厦门晚报曾以《家有万贯，外有戥子》刊发专版介绍戥称，由龚小莞记者撰写，值得一读。

秤砣为厚薄得体的椭圆形,也是铜质。秤盘周边有三个洞,用细线挽结,与秤杆头相连。

这戥子我小时候就见过,当时只是觉得好看而已。直到上世纪80年代,戥子收藏在全国各地开始流行,我在报纸上看到关于戥子收藏的文章,才知道其用途。

深入了解了戥子的历史和价值后,我才开始有意识地收藏厦门和其他地方的戥子。

随着现代科技飞速发展,衡器的发展日新月异,传统的杆秤已淡出人们的生活,戥子更是难以幸免。但通过戥子,年轻人可以了解以前的人们是怎样做生意的,了解到衡器发展以及商业金融的进步。

我是比较注重文化传承的人,很希望年轻人不要盲目地崇洋媚外。所以,一有机会我就会把自己珍藏的戥子拿出来,给现在的年轻人看看,让他们知道老祖宗的过人之处。有一次应集会主持人的邀请,我深更半夜免费送几把戥子到年轻人集会的现场供他们赏鉴。"太不可思议了!""怎么就这么可爱呢?""爱了爱了,这么美的戥子!"……现场收获到一大片的惊叹声,许多人纷纷发朋友圈,好像发现新大陆似的。

我当时既高兴又感慨。高兴的是戥子受到了认可,感慨的是这种机会实在太少了,年轻人接触到货真价实的老祖宗的好物件的机会太少了。

时代瞬间万变,现代人热衷于快餐文化,图新鲜、讲流行。其实艺术品与消费品大不同,它讲究的不是产量而是质量;它追求的不是铺满市场,而是"物以稀为贵";它要求的是有特色,需要"慢工出细活",需要有工匠精神,精心打磨,以此才能经得起历史长河的考验。能够沉浮百年仍被珍藏的,才是真正的传世好物。

现在年轻人大多只会看显示屏,也不懂得用秤,更不知道有个物品叫作戥子。他们仅知道把所需称量的东西放上去,看到数字闪烁,就可以轻松得到他们想要的答案,却不知道我们的老祖宗、我们的先民造出来的度量衡简直精美得像艺术品。

在收藏界,戥子这样的实用器物属杂项收藏,相对来说算是个冷门。近年来,随着收藏的升温,戥子也因其用料考究、做工精细、技艺独特,渐渐被当作一种高品位藏品。收藏戥子主要看两方面,如果外盒上面有堂号,说明出自某一家钱庄或者店铺,就相对更有价值;另外看秤杆的材质,象牙价值高于骨质。

2.铜手炉:取暖之雅

你知道古人是如何取暖吗?用铜手炉。铜手炉又称"袖炉""捧炉""火笼",闽南话叫作"火窗"。铜手炉是旧时宫廷乃至民间普遍使用的掌中取暖工具,由于制作精妙雅致,使这古时冬日暖手用具,成为既实用、又可把玩的艺术品。

据考证,铜制手炉至今已有1000多年历史,最早出现于唐朝。最初手炉器型以"簠簋之属为之",即方圆二式,里面放火炭或尚有余热的灶灰,小型的可放在袖子里"熏衣炙手"。宋朝皇帝宋徽宗为了解决宫廷取暖问题,还建立了一个"制作局"专门制作铜手炉。明清时,手炉制作达到了高峰,从存世的实物、史料及文字、书画作品中,不时可以寻觅到佐证。明清、民国乃至新中国成立初期,铜手炉在我国民间广为流传,还有南北特色之分。

时至今日,随着暖气、空调的广泛使用,铜手炉早已退出人们的日常生活之中。

铜手炉

我收藏有60个铜手炉,大多属明清时期,基本上来自江西,是我一点一滴地收藏起来的,这个昔日冷门收藏项目现已大热。上世纪90年代初开始,铜手炉开始在书刊和拍卖场上频频亮相,它丰富奇异的造型、精湛华美的工艺引起了人们的注意。

与古代人看重手炉暖手功能不同,现代人更看重精品古董铜手炉的欣赏性。工艺精美的明清铜手炉,在艺术品市场中的行情日趋向好。目前成交价最贵的手炉,是2005年香港佳士得秋拍中成交的一只明末局部鎏金人物纹手炉,原估价80万～100万港币,最后以303.2万港币成交。这只手炉炉盖上的亭台人物栩栩如生,更为重要的是上面还有"云间胡文明制"刻款。除了胡文明的款识之外,在目前拍卖市场上,较受追捧的还有"张鸣岐制""潘祥丰制"等款识。清宫手炉也备受关注,一只"大清雍正年制"楷书款铜錾龙纹手炉在北京翰海十五周年庆典拍卖会中,拍得135.52万元。而颇有清宫特色的珐琅手炉也表现不俗,在2010年中国嘉德春季拍卖会上,一只清中期掐丝珐琅团鹤纹手炉,以47万元成交。

铜手炉家族中,最上档次的当数明代和清代早中期作品,尤其是名家制作的手炉,融雕、镂、刻、镶、磨等工艺于一身,汇诗、书、画、印于一器,不仅是实用器物,更是斋房文玩,极富文人书卷气,有较丰富的历史文化内涵与较高的收藏价值。

从我收藏的各种铜手炉来看,其器型丰富多彩,有圆形、六角形、八角形、瓜棱形、梅花形等,不一而足。此外,铜手炉最出彩的工艺是它的炉盖和炉身,精美的手炉其炉盖制作是精雕细镂,穷极工巧,炉盖上各种精美几何图形,犹如古典园林中花墙镂窗一般雅致。一些珍贵的铜手炉不但炉盖精巧玲珑,炉身四周常雕镂錾刻山水人物与花鸟奇珍的图画,光看着就让人赏心悦目。

3.瓦当:屋檐之妙

我收藏有60多片瓦当,它们是凝固在屋檐的美好。

我收藏瓦当纯属机缘巧合。记得那是1997年梅雨季节的一个周日,虽然下着小雨,但我照例清晨五六点就到湖滨南路乘中巴到漳州旧货市场。在地摊上,我偶然看到一块红砖块。

我问摊主:这是啥呀?摊主说,这可是好东西,是闽南大厝唐朝菊花图圆瓦当,这可是大户人家才有的宝贝。我当场翻来覆去地看了半天没下定决心,当时就觉得太笨重了。后来,经懂行的朋友点拨后,我又托人跑去把它买了下来,放在家里当成宝贝。我收藏的瓦当来自四面八方,我还收藏了有"民间故宫"之称的培田古民居的瓦当,那些有800多年历史的民居如今仍然非常精美。

瓦当是建筑用的一种陶制品，指的是陶制筒瓦顶端下垂的特定部分，既便于防止屋顶漏水，起到保护檐头的作用，又增加了建筑的美观。

　　中国的瓦当最早起源于西周时期。春秋晚期形成了比较完善的模式，并成为一些大型建筑的重要构件。早期的瓦当多为半圆形，主要纹饰为兽面纹，后来逐渐向卷云纹等其他纹饰发展。秦代主要盛行各种动物图案的瓦当。汉代是瓦当工艺发展的鼎盛时期。这一时期的瓦当做工精细，新出现了装饰有篆体文字的瓦当，多为一些祈福的吉语，其艺术观赏性可与精致的印章相媲美。

　　瓦当的造型千姿百态，不仅给人以美的艺术享受，也是考古学判断年代的重要实物资料。此外，瓦当还是中国书法、篆刻、绘画等方面的宝贵资料，对研究中国古代各个时期的政治、经济、文化等具有一定的参考价值。

瓦当

瓦当的收藏从北宋就有了。1996年嘉德秋季拍卖会上，陈真的"新出汉瓦拓片"以1.98万元成交。2001年中国嘉德拍卖会上，一本王孝玉旧藏的清末汉瓦当八品拓本成交价达6600元。

我收藏瓦当纯属偶然，它们放在家中比较占地方，但了解瓦当后，我觉得它们仿佛是一位位老者，向我诉说着中华五千年的灿烂文明，因此很是喜欢。

其实建筑不仅有实用功能，也是美学、艺术和经济学的集大成者，是无数工匠智慧的结晶。

所以，对当前大规模成片拆旧城造新城活动，我个人一直持不同态度。我觉得破旧的、毁损的、不安全的、没有特殊意义和价值的建筑物，当然可以拆，而且应该尽早拆，而对一些具有人文意义及凝聚工匠智慧的特色民居，应该请专业人士进行评估，保护为主。像培田、和平古镇等古民居，其特色鲜明、构件精美、寓意深刻、美轮美奂、历久弥新，令人叹为观止。这样的建筑，只要稍加整修利用，就可以成为很好的旅游资源，它们是农耕时代璀璨文明的结晶，是耕读传家、儒学传世的精髓。不应只为了某种需要便被随随便便地拆除，因为这些都是不可再生的艺术精髓、思想传承啊。

有选择地保留、有秩序地拆迁、有智慧地改旧复新，我认为这才是当下旧城改造的主流思路。幸好，后来出台了成片开发拆除面积不得超过20%的规定，真是甚合我意。

4. 饭勺：闽南之美

饭勺有啥值得收藏的？有人会不解地问。

其实，这是因为他们没看到过精美的饭勺。

我手中就收藏了很多木制雕花镶金的饭勺，它们使得平凡的日子显得很隆重。

饭勺,闽南话里称为"饭匙",是一种实用的家庭用品,同时,也是一种民俗用品。

饭勺

古时候的饭勺都是用木头制作的,雕刻十分讲究。有的传统饭勺上着红漆,再刷上金漆,握在手上有很浓厚的闽南味道。古饭勺有各种图案,常见的有龙头、梅花、喜鹊、牡丹、石榴等。其中,牡丹代表富贵,石榴代表多子,喜鹊代表吉祥,寿桃寓意"食寿"……一把小小古饭勺,包含了诸多美好的祝愿。

饭勺的收藏蕴藉着我对闽南文化的留恋和珍惜。以前闽南人嫁女儿时,通常都会送她一个精美的饭勺,寓意"有得吃"。大户人家则喜欢在饭勺上镶真金,作为女子陪嫁品,用于"压斗",和厘戥、米尺、稻谷、剪刀等放在一起,寓意女儿将来丰衣足食。

那时一切都慢,慢工出细活。一个小小的日常饭勺,可以用很久,甚至可以用一辈子。

饭勺的收藏极小众,不过现在也有不少人在收藏。如泉州闽南文化收藏者陈晓峰就收藏了很多闽南古饭勺,其中有手指大小的小饭勺,用于给小孩辟邪驱惊。有分家用的和婚庆用的;有无油漆的、上清漆的和上朱漆刷金粉的;有凤头、龙头、树枝、梅花、喜鹊、牡丹、石榴等图案的。

我手上总共收藏 50 把饭勺。在我的眼里，它们虽拙朴，但历岁月磨损，更显实用价值。

5.古灯：夜之精灵

我手上收藏了 40 多件古灯具，它们形态各异、材质不同。它们是夜的精灵，点燃它，就可以透过它们，回望到旧时光。

古灯

白天看起来，这些古灯是静寂的、平凡的、不起眼的，甚至是蒙尘的。但是，一旦入夜，在黑暗中，点燃蜡烛、灯芯，它们就成为自带光芒的主角。

我手上主要有两种灯：一种是风灯，一种是手提马灯。这些灯是我在数十年的收藏里慢慢积攒起来的，大多是从漳州或是东渡古玩城等地淘来的，有的甚至忘了出处。我把这些灯寄存在一个朋友那里。它们是静静的古物，仿佛是一个工作很久的老者，静静地休憩，等待哪天有合适的时机，重绽芳华。

"光灯吐辉，华幔长舒"。在电灯发明之前，为人类驱散黑暗，将漫漫长夜变为"不夜天"的是古灯，它们或为陶、瓷、铜、铁、锡、玻璃、竹、木材等，这些古灯曾照亮过不同时代、温暖过不同的人。

如今穿越时空，依然异彩纷呈……每一件古灯都有属于自己的故事。

6. 唱机：怀旧之魂

您猜猜这器物是啥玩意儿？这是我花了 10000 元收藏的。

经朋友介绍，鼓浪屿有位家庭主妇要出让一台器物。乍一看像是一台旧式缝纫机，当来人一打开，立即令人眼睛一亮——原来是一台百年前爱迪生发明的圆筒式（蜡筒）留声机。

蜡筒留声机

蜡筒留声机，也叫蜡筒录音机，1905年由美国发明家爱迪生发明，是一种把声音刻录在蜡筒上的录音设备；也是世界第一批录音机，使用时，需要手动上发条，通过上方喇叭把声音放大。

蜡筒式留声机先是出现在上海，而后又出现在厦门，这些留声机为当时达官富豪使用的奢侈品。

2020年9月，我游览"华东五市"，在浙江南浔古镇游览号称"江南第一古宅"的张石铭老宅时，发现有件古典家具上放着一台和我收藏的一模一样的爱迪生发明的圆筒式（蜡筒）留声机时，心里很是骄傲。

7.童子军物品：少年之志

我还收藏有不少旧时的少年物品。

其中有一张民国三十八年（1949年）7月9日厦门私立鳌岗小学复校第二届高小毕业同学留影的老照片，极为少见！鳌岗小学校址在大同路69号，校长王凡冰、校董林纯仁（厦门海员工会理事长）、林世进（厦门桃源小学校长、常务董事）、林光焕（厦门大学毕业、常务董事）、林大胜（厦门五金同业公会理事长、常务董事）。照片中学生穿童子军衣服，个个精神抖擞。当时的口号是："今日是智、仁、勇兼备的童子军，他日就是捍卫国家的好公民！今日为社会服务，他日替国家牺牲！"如今听来，依旧令人热血沸腾。

我手上还有一整套童子军的物品，包括衣服、皮带、肩章、书包、水壶。这记录了一个战争年代和一群勇敢无畏的孩子。

十 老物品：时代之印

民国三十八年（1949年）7月9日厦门私立鳌岗小学复校第二届高小毕业同学留影

童子军物件

厦门是一座有红色爱国传统的城市，是中国少先队队歌的发源地。1958年，厦门何厝小学的13名少先队员一边坚持学习，一边勇敢地深入前线帮忙，被亲切地称为"英雄小八路"。1960年，他们的事迹被拍成电影。电影原型代表为何明全、何亚朱、郭胜源、何佳汝。这些小小的何厝少年从小就学会尽己所能、为国奉献。

英华学院童子军

　　让我们记住他们，让历史记住他们。记住今天厦门的美好是无数人无畏奋斗留下来的成果，记住那群英雄少年少女！愿世界和平，没有战争，没有流离失所，更不需要童子军。

十一

其他老物件：历史之花

1.清代考卷及小抄

  我收藏有清代试卷20多份，在收藏界，这是一个很偏门的藏品。

  从古到今，从科举制度到高考制度，考试就是国家选拔人才的关键制度。一张考卷定输赢，几份考卷分阶层。通过考卷选拔人才，是最大程度的"公平"，因而受到全社会的推崇。"十年寒窗苦，一跃龙门天下知"，凭的是考卷，改变的是命运。

  所以，考卷，其实就是那些通过考试实现咸鱼翻身、实现功成名就者的"投名状"，也是大众实现分层的依据。每份考卷都记载着丰富的信息，也是不可多得的史料，是研究当时历史最真实的材料之一。因为有些历史可以更改，而考卷作为限时、限场之作，几无造假可能。

  古代参加科举考试，可不是报个名就行。考试开始前，得进行"政审"。我收藏有一份光绪壬午科福建乡试卷，从中就可以看出当年对个人信息填写的要求非常严格。

  那份武生乡试卷，封皮、封底选用正黄色纸，内页共9页，其中前5页均为个人信息展示。试卷上，这位名为邹金镕的武考生，名字下方为自己的出生时间、籍贯，接下来的内容，除了三代的详细资料,还列上祖上光宗耀祖的人物,其始祖官至资政殿大学士。第6页,则是该考生在乡试中的名次——第24名。第7页,是负责监考、阅卷的考官的信息。第8页,记载了主考官在武试时的评语:"精力充满、六辔在手、一尘不惊、箭穿七重、弓开两石。"第9页是考生笔试卷的印刷副本,题目为默写《孙子兵法》中"故不知诸侯之谋者"至"此军争之法也"的部分。

我手中还收藏有双溪书院的试卷。双溪书院是同安县学的补充,人数最多时达200多名,月课是每月两次考试。据史料记载,厦门最早的书院是元至正十年(1350年)建于同安县城的文公书院。至清末,厦门有名可考的书院有19所,岛内7所。如紫阳书院、玉屏书院、双溪书院等,学生都是经选拔入院,待遇也比地方官学的学生高。如在月课中写出漂亮文章,还可获得膏火(由书院给予学生的奖金)。月课分为两个部分,右边为题头,有考生个人信息、印章、等级、奖励、评语等;左四分之三为答题部分,朱色印格,竖25格,横42格,共计1050格。同安双溪书院月课考卷中,一位叫叶冠瀛的考生的现场作文《孟懿子问孝五章》,内文近800字,与现代高考作文字数相当。

考试关乎个人运途,关乎家族兴衰。一纸考卷承载太多利益,有了利益就存在着钻营,所以作弊也就成了"非常"手段了,从古至今,屡禁不绝。

我的收藏中,有3张小抄,长不过巴掌,宽约5厘米,每张小抄上都是密密麻麻、米粒大小的小楷毛笔字,内容为《论语》中的重要篇章,重要的文字内容还做了红色标记。

我一开始是买到了一本小抄本,因为朋友实在喜欢,就让给他了。后来又花了400元,买了3张零散的。这些估计是从其他小本子上散落下来的。这些小抄的小楷字非常好。这些小抄往往是考试时考生暗中携带入考场的,大多是缝进衣服、鞋底后带入考场的。综合各朝代作弊手段，有结朋、行卷、怀藏、代笔、授义、继烛、飞鸽传书等，而小抄就属于怀藏。

2005年9月28日，天津发现了一套完整的清朝考试作弊工具，大概火柴盒大小，共9卷本，均长4.5厘米、宽3.8厘米、厚0.5厘米，每卷本内十余篇文章，总字数超10万字。字径约1毫米，还配有可藏作弊卷的加厚底男布鞋，形成"产业一条龙"，令人咋舌。不过现代人视力那么差，估计要作弊也看不清那些字。古代对作弊最常见的就是罚科，即一段时间内取消参试资格。

我还收藏有清道光二十年（1840年）的《院试金针》，书中集合了选举考试中不同题目的数十篇优秀文章，重要段落还进行圈注，供考生揣摩。

个人认为，这些考卷和小抄都非常有意义，它们都是时代的产物。

2.天地会

十几年前我收藏有一幅天地会信物，是黄绢类，上写有"同安县，碧溪社，杨金樽，德刊列肆拾四号光绪四年"。

前段时间，我参加了"张眼看厦门——同安之行"活动，一行40多人，游览同安名胜古迹及宗祠，品尝同安美食。到碧溪社龙虎宫时，发现门前有一副对联："碧溪清流殿前迎百福，曜山秀丽庙外纳千祥。"脑海里立刻浮现出那幅黄绢，很是触动。

我个人认为，黄绢是天地会较高层的信物。

天地会，又名洪门，俗称洪帮，是中国历史上一个著名的秘密结社组织，名称来源于"拜天为父，拜地为母"。天地会起源于清朝乾隆年间，它曾经以"反清复明"为宗旨，崇尚江湖义气，组织纪律严谨，强调同甘共苦，不畏强权剿杀。在金庸名传四海的小说里面,天地会一直是清朝政府的隐痛,其视天地会为洪水猛兽,恨不得斩草除根而后快。

2021年11月,我收藏到两册清代洪门袖珍会簿册子。这两册书,大小可置于掌中,非常小巧,里面字迹非常整洁漂亮。内容相当丰富,包括组织、开山立堂仪式、盟誓、禁令、家规、"切口"暗号及茶碗布阵等,相当于一本简约版的会员手册。

天地会信物

其中有结拜兄弟诗赞:

手拿鞭棍一条龙,题得头来尾又长,
有忠有义来结拜,兄弟与天长。
手拿金鸡是凤凰,题得头来尾又长。
有忠有义来结拜,兄弟与天长万年。
手拿蜡烛照天堂,手拿纸钱长又长,
纸钱烧在关爷庙,结拜兄弟万年长。
众位兄弟来结拜,荣华富贵与天长。

问姓名诗:

义兄问我姓和名,家居原住木杨城,
松柏林李金娘母,花亭结义改姓洪。

问年月日诗:

义兄问我何生辰,岁次排来是甲寅,
良时吉月念五日,时逢子丑我出生。

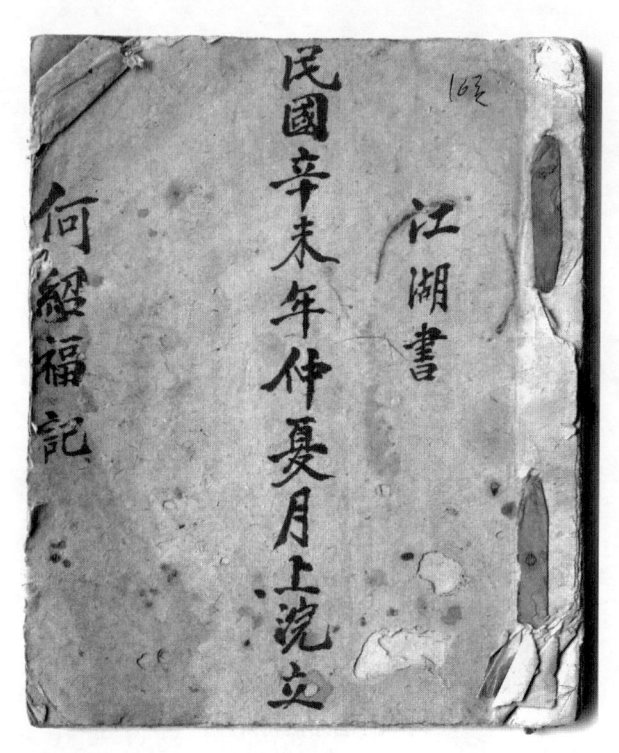

江湖书

当时,厦门乃至闽南地区,对天地会相当推崇。其成员最初多为农民或由破产农民转化而成的小手工业者、小商贩、水陆交通沿线的运输工人及其他没有固定职业的江湖流浪者,以后成分日益复杂,但仍以下层穷苦人民为主,尊郑成功为开山老祖。传说延平王郑成功击败荷兰东印度公司,占领台湾(继承人郑经、下任郑克塽,1683年灭亡),仍矢志恢复中原,所以建立了洪门,以"汉留"为代号。

3.《一目了然初阶》

《一目了然初阶》

我手上有一本《一目了然初阶》(1956年版,卢戆章著)。

这本书我等了十几年,虽不是初版,但收到时仍十分高兴。真是"功夫不负有心人"!

清朝末年，在维新思想的影响下，我国掀起了一个切音字运动，它揭开我国语言现代化运动的帷幕，揭幕人就是厦门的卢戆章。厦门是这项运动的发源地之一。

明清时代，闽南地区就出现方言韵书，如广泛流传的泉州音《汇音妙悟》和漳州音《雅俗通十五音》。鸦片战争以后，厦门成了"五口通商"之一，西方传教士也纷纷来华经商。用罗马字拼写《圣经》的方言文字被称为"方言教会罗马字"，厦门教会罗马字又叫作"闽南白话字"。它是在参考闽南方言韵书"十五音"的基础上采用罗马字拼音的一种方言拼音文字。

卢戆章，字雪樵，福建省同安县人，清末学者，中国文字改革先驱，创制中国切音新字，鼓浪屿上塑有其雕像。1892年，出版《一目了然初阶》，该书是中国人编著的第一本拼音著作，这一年被认为是中国汉字改革运动的开始。卢戆章从事中国文字拼音化工作的目的在于节省国人学习文字的时间，以求国家富强。

4.创办"厦门国医学校"的中医吴锡璜

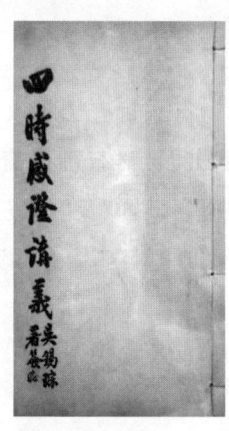

吴瑞甫及其著作

我收到3本同安吴锡璜民国时期编著的中医书及2份1951年同安县中医行医证明。吴锡璜（1872—1950年），字瑞甫，同安后炉街人。14岁学医，长期行医于厦门。辛亥革命前夕参加中国同盟会，任同安青年自治会会长，从事革命活动。1920年任厦门回春庐医院院长。1930年创办厦门医学讲习所，1931年担任厦门中央国医支馆馆长，同时发起创办厦门国医专学校，任校长。

5. 上世纪四五十年代同安县政府文档

我有幸购到一大批上世纪四五十年代同安县政府文档，主要涉及中央农耕政策、财政、契税、工商、卫生、枪械、学校等历史。其中有几份是1951年抗美援朝期间，同安县人民政府号召各乡投身爱国运动的文件。在这场运动中，同安人以一种大公无私的精神，为抗美援朝战争贡献自己的财物，捐款购买飞机、大炮，同安人民真是好样的！

6. 洋行出入证

民国时期厦门洋行有二百五十多家。我收藏有一张"厦门入岛查证"，其主人为葡裔同英洋行翻译蒲金章，1940年7月10日发证，盖有"大葡国驻厦领事署"及"在厦日本帝国总领事馆"等五个章，其中有"虎疫，预防注射讫，警察厅"[①]蓝色章。

[①] 虎疫是"虎列拉"的简称，指霍乱。

厦门入岛查证

7.丰子恺为"三余"商店作画

在我珍藏册里有3张关于"三余"商店的民国票据。"三余"是"惜三劫后余生"之意。

"三余"商店的老板叫徐惜三,民国时期在繁华的中山路223号开"开明书店"。日本侵略厦门时期,书店无法经营,为了维持生计,他筹措资金在书店的旧址开起"三余"商店,主要出售绍兴老酒,还有药酒、玫瑰露。他采取前店后坊的做法,自己酿酒,生意红火。1949年3月28日厦门《江声报》刊发的"三余"商店广告,配有著名画家丰子恺为店家所作的一幅《饮酒图》。

8.鼓浪屿国际救济会

一方有难,八方支援。我珍藏着一份民国二十七年(1938年)《鼓浪屿国际救济会开办现状简报》。1938年5月13日,厦门全岛沦陷,大批难民涌向公共租界鼓浪屿,中外人士组成了鼓浪屿国际救济会,这份简报翔实记录了开办状况。

9. 军粮清册

我在东渡古玩城收到民国三十八年(1949年)同安县大同镇公所收拨军粮移交清册等资料。

翻开内页可看到,领粮部队有第五军、军官大队、二百师、保安团等,领了不少糙米,可看出当时赋税征粮情况。

10. 致公党厦门工委会成立

1980年10月,国务院批准设立厦门经济特区。1981年12月,致公党厦门工委会成立。我的收藏册里有一张1983年4月致公党厦门市工委会成员为四化建设服务汇报合影老照片,还有一份1988年10月《中国致公党厦门市工委会第一次代表大会文件》,总结致公党与特区同风雨、共成长,为发展进净言、谋良策!

11. 首届思明区人民代表大会

我收有一张1954年1月26日思明区首届人民代表大会全体代表摄影留念老照片。

12. 思明武术馆拳谱

我曾到东渡古玩城买了《天风海涛》第1~10辑,是王璞山签名的。还收藏了不少其他刊物。有意思的是,有本1987年创刊号《演武》杂志,我一开始还以为是校刊,翻开一看,居然是思明武术馆的拳谱。

13. 民国婚礼

民国婚礼照片

我在东渡古玩城收到民国二十三年（1934年）6月3日杨德准与雷翠凤在鼓浪屿举行结婚典礼的摄影纪念照片，这张照片见证了民国时期鼓浪屿婚嫁风情。

14. 中华中学

我手上有一份用中英文双语书写的中华中学毕业证书，颁发时间为民国十八年（1929年），上面有校长陈金方的签名。

中华中学是1924年陈金方在虎头山上创办的初高中学校，吸引了大批优秀教师和学生，如著名人类学家林惠祥；曾在马尼拉创办华侨大学的叶青眼;著名文学家、小说家,《小城春秋》的作者高云览;《小城春秋》的导演罗泰(原名陈衷)等。陈金方校长是厦门名人,1911年,受马尼拉中国同盟会派遣回国,为同盟会驻厦代表。1924年,时任美华中学校长的陈金方辞职,发起并创办宣传孙中山民主革命思想的中华中学,长期担任校长,为厦门的教育事业做出贡献。

下篇 收藏心得

先练内功

　　玩收藏是一种情趣,既增长知识又能赚钱,但前提是绝对不能买到假货。这就很考验眼力。最好是有人带着学,这个很关键,要不然有些人可能经常要交"智商税"。收藏的水很深,可能赚了10次,一不小心一次就折进所有老本,翻不过身来。

　　我认为收藏最重要的是先练好内功。有些人只靠书本来学,越玩越惨。这是因为书上写的是真是假都很难说,又拿不到实物看,东西的质感、光泽、品相、触感等等啥都感受不到。只凭感觉、靠运气做收藏是完全靠不住的。

　　经常有人问我:"您是怎么鉴别真假的?"我也讲不出啥大道理,这一切都需要实践、实物、实景才说得清楚。

　　我觉得想要搞收藏一定要做到实物与书本相结合。进入某个收藏领域之前,一定要先多看、多读、多接触。我是接触久了,经验积累多了,积攒了眼力,有时用眼就能看出好坏,连摸都不用摸。当然,最初的摸、敲、看、嗅、摇……各类鉴别手法还是要有的。

　　但只要记得一个秘诀,那就是"多"。要多花费时间去了解历史,多去琢磨,多看实物,多摸多瞧,多用心用耳用眼用脑,还要多请教行业人士、前辈先贤。

　　时间久了,很多事就变得自然而然,水到渠成。就像做衣服的裁缝,看一眼布料就知好坏;做皮鞋的鞋匠,一看就知道是什么皮一定要练到这种程度。对于我来说,看铜器,我一看就知道真假,明朝的铜、清朝的铜、民国的铜,它们的成分、冶炼技术不一样,出的铜也不一样。

所以,这是一个要花时间、用心、用眼、用脑的事业,是一个需要时间雕琢的事业,只要肯钻研,则越老越香。当然,很多事也有运气成分,比如遇到非常有意义的收藏,遇到绝品、珍品,这是个人的福分,可遇而不可求。正所谓"得之我幸,失之我命",做收藏,心态要平和,莫强求。

二

贪多嚼不烂

　　这世间包罗万物,藏品也非常丰富,我也换过许多个收藏种类。一开始,热情高涨,什么都想收,但结果是:第一,太多太杂了收不好;第二,收藏要有经济基础,没有经济基础,就没办法实现愿望。

　　这时候就要讲究。讲究什么?集中精力办一件事,把某个细项收藏久了、全了、精了、细了,这样被骗的概率就低了。而且通过深挖洞、广积粮,就可能有机会成为某个细项的专家。这个真的像打井,只有井打得越深,出的水才能越多。所以,这个行当,一定要专精,而不要蜻蜓点水,遍地开花。

　　脚踏实地,仰望星空,说的是这个理。立足当下,扎扎实实,聚沙成塔,集腋成裘。收藏讲究的是恒心和毅力,讲究细水长流。要学会和时间做朋友。

三

收藏为了啥

我接触到的收藏者分 4 种人：

一种是有钱人，收藏纯属爱好。就是他赚了 100 万元，拿出 20 万元来玩收藏，这种人最潇洒，随性随情，花钱一点也不心疼。因为他手中有粮、心中不慌，不急于脱手、不急于兑现，没有生活压力，收藏纯属怡情养性。这样的人，他可以一直买进来，可以慢慢等时间，这是比较幸福和自由的。我有个同安的泉友，他就是这样的。他是老板，自己有实业，收藏仅是副业和爱好。他的所有藏品都是从拍卖行拍来的，这样最大程度地杜绝了假货。他有耐心、有眼光，也舍得投入，并且不急于出手。这样时间久了，他的收益也非常可观。

一种是把收藏当作买卖。他也许啥都不太懂，也不知道里面的好坏，但他就是坚持低买高卖，加快循环。比如他 100 元买入，那他一定要高于 100 元卖出。这是做买卖的，是真正的生意人。当然，他也可能买高了，砸手里了，也可能一年不开张，开张吃三年，成功与否全凭运气。

一种是以藏养藏，像我这样。我基本上是认真研究、做足功课再出手购买，若有复品（重复的藏品）或者品相不是很好的藏品，有人需要，就卖给他，作为下一波收藏的启动资金，让钱滚动起来。比如我买 100 元，别人出价 200 元，我也就把它卖了。毕竟我是工薪阶层，靠死工资，要收藏就要使资金动起来、活起来。我以前，为了变现给家里人急用，也有把藏品原价出售的。虽然当时很心疼，但是没办法，因为家人总比收藏重要，对不对？人永远要摆在物之前，即使这些藏品如何有价值，也比不上活生生的人。只有人，才有人生，才有温情和亲情，如此收藏才有意义。毕竟藏品再好也是冰冷的，永远比不过活色生香的生活和有血有肉的人。

一种是痴迷收藏。收藏很容易让人痴迷，收藏又不能太过痴迷。我们收藏界中的不少前辈、同行，因为收藏最后跟老婆离婚，弄得妻离子散。因为在家中，他觉得收藏第一、老婆孩子第二。比如说某样东西他看中了，就一直想要拥有，或者一心想把某个系列发扬光大、弄齐弄全。人生最忌"贪嗔痴"，痴迷于收藏，是因为很多人起了贪心，但是孩子要读书、爱人要化妆，要买生活必需品，结果就因为收藏，原本宽裕的生活过得紧巴巴的。这样家庭就会产生矛盾，甚至不可调和。这样的收藏者是可敬的，又是可惜的，他没能分清主次、轻重、缓急。

我喜欢总结，看过别人的经验教训，面对这样的前车之鉴，我就秉承"家庭第一，收藏第二"的原则。有时候，我赚钱了，一回家就喊："老婆，我今天赚钱了。"她很高兴，我也能继续收藏。有时候，我买了一样东西花了100元，怕老婆不高兴，就骗她说，只花20元。这样老婆也很高兴的，觉得我会精打细算、不大手大脚。

有很多人搞收藏，赚钱了，就把钱全部往口袋一捞，准备用作下一次的启动资金，一分也不给家庭留下。我赚钱了，就喜滋滋地回家，把赚的钱分一点零头给老婆，让她也分享到我的快乐，把大头留着，作为下一次的启动资金。这样老婆能分享到收藏的收益，她就不会不高兴了，反而会支持我收藏。我也很高兴，既有了下一波的启动资金，又博得了爱人一笑。

爱人，不就是用来爱的嘛。所以分享、良性循环很重要，千万不要因为收藏搞得家里氛围不好，或者家里揭不开锅，这是本末倒置的行为。

我有个年轻的朋友，也收藏厦门、鼓浪屿老照片，并且玩得比我更专业。政府还提供他一套房子用来展示照片，他真的是个非常优秀的收藏者，有热情、有才情。但我一直告诉他，一定要有个主业，收藏只能作为业余爱好，有经济基础玩收藏才不会累，不仅自己不会累，家人也不会被拖累。

而我的收藏之所以能得到家人的支持、越做越大，主要是因为我做到三不误：一是不误日常生活，二是不误夫妻感情，三是不误发展壮大。

四

广源善交

收藏毕竟是一件很专业的事，需要有人带进门、有人一起研究。我虽然是自学成才、爱自己琢磨，但我也有一批藏友，我们相识相交、互相启发、互相搭建信息平台。很多知名前辈给了我很大的帮助，是我收藏路上的贵人。

1.向文史界、收藏界大咖请教，强调纵深

洪卜仁老先生是厦门文史专家，被称为厦门的"活字典"。在厦门地方文献的搜集整理、开发利用，以及地方史的研究等方面积累了丰富的经验。他生于1928年6月16日，于2019年5月20日因病辞世，享年91岁。著有《厦门名人故居》《厦门海防百年》《厦门30年记忆》《厦门文化艺术资料选编》《厦门华侨资料选编》《厦门饮食文化》等，可谓著作等身。常年主持"厦门文史沙龙"。历任厦门市政协文史资料委员会副主任、厦门市方志办副主任、厦门市社科联副主席，兼厦门大学人文学院兼职教授、任福建省文史研究馆馆员、厦门市政协特邀研究员、厦门市非物质文化遗产保护中心专家组成员、厦门市政府地方志办公室高级顾问、厦门大学出版社特约编审。

我跟洪卜仁老师虽同是鼓浪屿人，平常对其也有所耳闻，但真

向知名文史专家洪卜仁（前排坐者）请教

正有接触是从我举办古钱币展以后，因为编著《厦门货币图录》需要，我们有了更多接触。洪老为人低调、严谨，他博闻强记，却不自恃清高，是非常值得尊敬的师长和专业人士，也是非常有情怀的人。在他身上我学习良多，他帮我开阔了视野，了解了更多的史实，还帮我达成了出书的愿望，是值得我永远尊敬和怀念的人。

何丙仲世居鼓浪屿，毕业于复旦大学历史系文物博物馆学专业，曾任厦门市博物馆、厦门市郑成功纪念馆副馆长，文博研究员。兼任厦门市政协委员、闽南文化研究会副会长、厦门市民间文艺家协会副会长、厦门大学兼职副教授、福建省考古博物馆学会理事、厦门郑成功研究会副秘书长。著有《厦门碑志汇编》《鼓浪屿公共租界》等，主编《琴岛潮音》《鼓浪屿文史资料》等书，翻译《厦门纵横：一个中国首批开埠城市的历史片段》《近代西人眼中的鼓浪屿》等外文资料。

四　广源善交

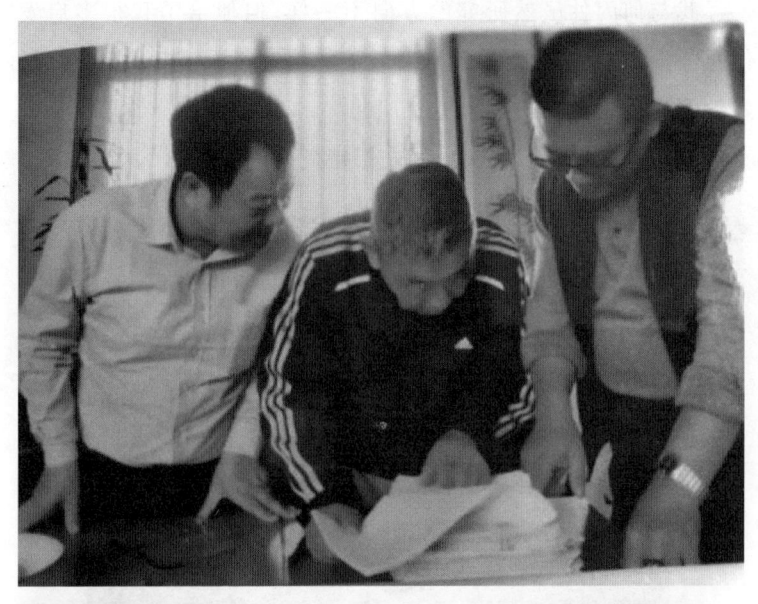

向郑成功纪念馆原副馆长、知名文史专家何丙仲请教

我与何丙仲虽然研究的方向不一样,但他给了我很多启发。他对鼓浪屿的研究很深入,他对鼓浪屿用情很深,这些都值得我好好学习。

我还与厦门的多位文史朋友保持良好的互动。

与文史专家龚洁(左一)走访江夏堂

此外，还有全国五湖四海的藏友，如新疆的苗永海、北京的徐枫、赵隆业、广东省博物馆馆长王贵忱老师，上海马定祥、余榴梁、台湾张明泉、陈鸿彬、陈鸿禧、纪敏三、蔡进益……他们都是我的藏友、诤友。由于我对南方钱收藏比较多、比较了解，对北方钱收藏得极少，可谓是一无所知，所以，我求教于广东省博物馆馆长王贵忱老师。他很热心、无私地教我怎么看北方钱，奠定了我在钱币收藏方面的坚实基础。随着时间的积累，我们攒下的不仅有藏品，还有牢不可破的情谊。

与广东省博物馆原馆长王贵忱（中）等保持良好互动

　　闲时我经常品着茗茶，翻看旧日往来书信。一看就会想起三十年前的往事，它们就像电影一幕一幕呈现眼前！这些前辈、好友给了我力量，感谢生命里有他们！

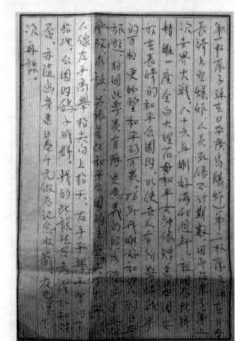

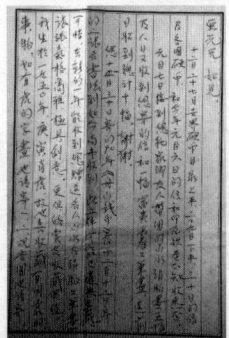

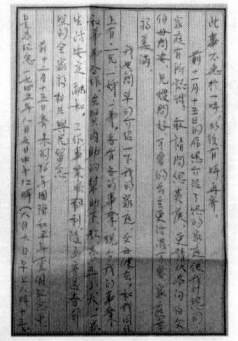

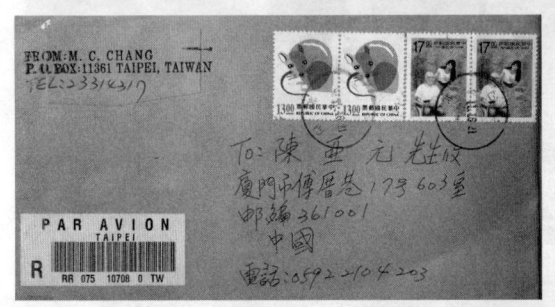

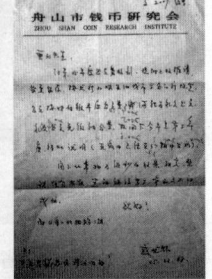

与泉友的往来

此外，我还积极地参加各类文史活动。如，在福州召开的"福建省钱币学会第七次会员代表大会"，围绕福建地方历史货币、海上丝绸之路货币、革命根据地货币、侨批与金融历史文化等重大课题，深入研究、广泛交流。与同道中人谈收藏、话人生，是我最开心的事。

参加各类交流活动

2.结交各路贤达,注重扩大信息源

一路上,认识那些有趣的灵魂,是我的人生乐事。

(1)2021年,我收到中华儿女美术馆吴超慧老师快件寄来的《我的六十年——文国璋画集》,很是开心。记得2020年11月12日在吴超慧老师、罗鸿泰先生、于琛女士的引荐下,我结识了在鼓浪屿写生的中央美院文国璋教授及其夫人,两位和蔼谦逊,令人倍感亲切。我们一行人走在旧使馆区的鹿礁路,走在别墅区的漳州路和复兴路,这些画面,至今我记忆犹新。

寻幽访古,结交贤达,是我最大乐事之一

(2)叶克豪老前辈曾来寒舍拍鼓浪屿三联全景照片。在拍摄过程中,我增加不少知识,叶克豪老前辈告诉我:"这是厦门海关信号台,那是美国归正教会牧师宅,这是厦门海关副税务司公馆,那是毓德女学堂前身,这是协和礼拜堂,那是廖家别墅……"老人家如数家珍,让我受益匪浅!

与叶克豪(右一)合影

(3)当手捧厦门著名书法家、篆刻家王守桢老师精心为我篆刻的"有容乃大"印章时,我心情无比激动,久久不能平静。

初闻王守桢老师大名是三十年前的事了。三十年前,我应邀赴省城参加省钱币学会会议,有幸结识了福州大学刘敬扬教授,闲聊时刘教授得知我来自厦门,而且世居鼓浪屿,就告诉我说,鼓浪屿有位篆刻家王守桢老师,篆刻水平很高,让我有机会一定要去认识他。

光阴荏苒,虽然一直记着刘教授当年的叮嘱,但因为工作、生活四处奔波,也因为没有合适机缘,虽然同处小小鼓岛,但始终没有机会认识和亲近王守桢老师。直到前些日子,幸遇一个偶然机缘,通过著名文史专家叶克豪老师以及王守桢老师弟子李学渊先生的牵线搭桥,有缘认识老师,并得到王老师首肯,登门拜访。三十年来王老师的篆刻技法日臻高超,而我对王老师的敬仰之心,也与日俱增。见面时有聊不完的话题,仿佛是已熟识多年的师友一般。临告辞时,王老师欣然应允为我治印一枚,令我欣喜万分。王守桢老师是厦门首屈一指的书法家、篆刻家,其书法作品雄厚奔放、独具一格,篆刻作品刚柔并济、风格独异,极具艺术震撼力。赵朴初先生题词道:"道进乎技,游刃恢恢,修绠汲古,雄心开来。"王老师为我篆刻的这枚"有容乃大"闲章,印面稳重灵动、边款浑厚疏朗,显示出王老师人印俱老、高超绝伦的篆刻水平,实在是宜珍宜宝的一枚艺术珍品。

(4)结交各类社会贤达、行家里手。

与作家欧阳鹭英(左一)交流

此外,我还与《厦门日报》邬秀君记者,老房子研究专家曾谋耀以及文史研究者李世伟重走大同路。这条建于1920年代末、曾是厦门最繁华商业街、浓缩百年老建筑历史的大同路,是厦门第一波城市建设时建成的第二条马路。与文史研究者交往的例子,还有很多很多。作为一名立志收藏地方史料的人,我希望与更多的专家学者共研究、同进步。

五

要特别讲诚信

诚信是收藏者的基石。收藏是小众爱好,口碑靠口口相传。一旦你不诚信,藏友间互相传来传去,你就在藏友中"人格破产"了,就等于封住了自己的耳目,再难有大发展了。所以,一定要坚持诚信。这样日积月累,就会有收获的。藏友间互通信息、互通有无,可以事半功倍。

我以前和藏友们也没见面,但凭着信任,我们互相把藏品寄来寄去,也不需要什么金钱担保,都是靠人格担保。一旦出现"人格破产",那就是现在所谓的"社死"了。像鸟儿要爱惜自己的羽毛一样,我们要爱惜自己的名声、珍惜声誉、有诺必践,这样才能在收藏界站得住、站得久。否则,名声臭了,就没朋友了,也就封堵了信息来源,更不会有人上门交流,那就非常可悲了。

孤家寡人是做不成收藏的。

六

错过的就不是自己的

不要以懊悔来缅怀过去。我经历近70年的草根生涯,人生的酸甜苦辣,我自是尝了一遍。人生的低潮和高光,我都体验到了。

我认为,无论是何时何地,无论是人生低谷还是高光时刻,都要做真我,都要积攒本领,都要享受当下。

回首往事时,我们会发现:人生处处有风景,每种风景都值得珍惜。我们应该"只恨枝无叶,莫怪太阳偏"。

我是1969年10月跟随父母背井离乡到永定湖雷山区落户的,这场惊心动魄的男女老少上山下乡运动使我这个正在学校念书的未成年人也卷入贫下中农再教育中。漂泊异乡达九年之久,吃糠咽菜、无米下锅……那艰辛难忘的岁月,给我心灵留下难以治愈的创伤。

1978年10月,承蒙党的政策,全家被照顾回鼓。但生活永远不会一帆风顺,困难把我压得喘不过气来,我们全家居住在不到5平方米的小屋,吃、睡、学习全在床板上,特别是沉闷的夏夜,蚊虫成群,把我团团围住。在狂风暴雨的日子,天上下大雨,屋里下小雨。我整天烦恼、苦闷。有一天我独自徒步在轮渡,看着暗淡的鹭江大厦,心碎了,心想这样窝囊地活着不如跳进大海中去喂鱼吧!

后来一想,不!我要活下去,要用笑脸迎接厄运,用百倍的勇气来应付一切的不幸。我热爱文学,擅长美术,我要把心中忧愁忘记,把书法练得更好,我要练出一套真正的本领!

我觉得,既是往事,无论好坏,都是过去式了,你再懊恼、再欣喜,都不能再回来了。所以,即使往事再荣光,我也不能一直沉湎其中;即使往事再差劲,我也不能一直在后悔。

昨天的太阳永远晒不干今天的衣裳。所以,不要把大好的时光用在怀念昨天,要每天把时间用好,让明天不会为今天后悔。

我就是这样想,也是这样做的。这些年,我只管研究、琢磨,每次做完选择,决不后悔。每个人都要学会勇敢往前走。

七

知足常乐

历尽生活悲欢,看尽人生聚散,仍旧心中有爱、有暖、有梦想、有悲悯。那些尖锐的棱角被岁月磨平,那些激越的思绪被时光安抚。岁月是一把刀,慢慢地雕刻出现在的我。

那些青少年时代立下的宏愿,那些曾以为遥不可及的梦想,因为坚持,如今已经变得水到渠成、云淡风轻。

而时下,于我而言,一茶、一书、一知己,此生便足矣。

人生如茶,品过方知浓淡。可能是年岁渐长,才懂得人生在世,就像一杯茶,平淡是本色,苦涩是历程,甘甜是馈赠。世间好物无穷多,但唯有一盏清茶、一本好书、一个知己才是生命中最宝贵的东西。

八

持之以恒

当我收到厦门日报社"二十年：二十佳读者"奖状时，我心情万分激动，久久不能平静！记得 2001 年 10 月 20 日《厦门日报》举办首届读者节，我有幸获得一件珍贵礼物——衬衫，至今还珍藏着。这是我与文字打交道的历史，这是属于所有读者的节日。在这 20 年间，每届读者节，我和我的家人都去参加。祝愿《厦门日报》与特区共成长，与厦门同欢歌！

岁月高歌，所有的成就都是用时间一点一滴积累起来的

九

收藏与出版

2020年快结束之时,我写下日志如下:"2020年即将过去,这一年确实是不寻常的一年,新冠疫情给全世界带来了太多的改变,很多人的生活因此而产生了巨大的变故,生活轨道变了,人生计划改了。很幸运的是,除了生活稍有不便之外,我的收藏和出版计划并没有受到影响,反而是收获更丰盛了,实现了我多年来的梦想。上天给了我很多礼物,我很满足与幸福!"

1月,由厦门城市学院牵头组稿,李启宇老师编著,我提供票据实物的"厦门口述历史丛书"之一《民国厦门老票据解读》正式出版,实现了我多年来秉持的收藏来自民间、反哺民间的收藏理念。

4月,我以通过海外朋友拍回的 The Story of Amoy 一书及"厦门号"相关的老照片、明信片为基础,借给詹朝霞老师翻译成《1922"厦门号"的故事》一书,正式出版。该书以图文形式向读者全面描述了"厦门号"的传奇经历。

5月,历时两年时间,由思明区侨联编撰的《按章索局:图说厦门侨批》一书正式出版,本书引导读者通过侨批、汇票上的侨批局印章,勾勒出厦门侨批局的海丝足迹,是我多年来收藏厦门侨批的一个成果总结。

6月,《福建的世界遗产:鼓浪屿》出版,书中采用了我收藏并提供的鼓浪屿老照片近20张,丰富了此书的内容。

最后，由广西师范大学出版社立项的《闽台粮户执照汇编》全套9本，于2021年1月出版。这套汇编汇集了我历年来收藏的一万多种闽台粮户执照，时间跨度从明朝万历至民国时期，兼具收藏与研究之用，相信一定能够得到读者和收藏家的欢迎。

附 录

收藏要事

（一）重大收藏活动

1.1986年4月，开始收藏。

2.1990年4月28日—5月5日，在厦门市工人文化宫举办"陈亚元古今钱币展"，共有藏品一千三百多件，上至几万年前的"贝币"，下至最新版的人民币，种类有贝、银、铜、陶、纸类，厦门电视台、《厦门日报》纷纷报道。时任厦门副市长的张可同、厦门市总工会主席陈垂康剪彩开幕。参观者近5万人。

3.1993年7月，向福州泉友林知津购入一枚"咸丰宝福局·一十重宝·计重五钱"（3000元购入）。

4.1993年9月1日，被《中国民间钱币藏珍》收录藏品3件：大明通行宝钞壹贯、福建银行（厦门）拾元银圆券、乾道元宝。

5.1994年5月，向新疆苗永海购入两枚"咸丰元宝·宝迪局当八十"。

6.2013年4月15日，到中央人民广播电台《神州之声》栏目作古钱币收藏专题录播。

7.2015年1月17日，购入一枚"永丰官局咸丰八年凭票支取铜钱陆百文"钱票。

8.2015年2月10日，收藏的1908年清政府赠送给来厦访问的大白舰队官员的景泰蓝花瓶转让给天津海洋博物馆收藏。

9.2016年4月22日,收藏的1908年清政府赠送给来厦访问的大白舰舰长的景泰蓝花瓶转让给鼓浪屿申遗办收藏。

(二)藏品系列

1.历代古钱币:上万枚

2.1908年美国大白舰舰队访问厦门期间,清政府赠送给舰长有"厦门"2字的2个大景泰蓝花瓶、1个大景泰蓝盆、《欢迎美舰记念品目》1册

3.蛋白照片:80张

4.粮户执照:10000多份

5.票据收藏:5000多份

6.侨批:550多封

7.老照片及明信片:900多张

8.老报纸:100多张

9.铜版画:100多幅

10.老地契:200多张

11.考卷:20多份

12.戥子:20多杆

13.铜手炉:60个

14.特色杂志:100多份

15.瓦当:60多片

16.饭勺:50把

17.灯具:40多件

18.唱机:10件

19.童子军物品:15件

20.其他特色收藏:30件

（三）主要著述

1.《闽台粮户执照汇编》，陈亚元主编，广西师范大学出版社，2021年1月。

2.《厦门货币图录》，陈亚元、陈国林著，厦门大学出版社，2012年12月。

3.《按章索局：图说厦门侨批》，洪卜仁、陈亚元主编，厦门大学出版社，2020年4月。

4.《鼓浪屿百年影像》陈亚元提供图片，厦门大学出版社，2017年12月。

5.《福建的世界遗产——鼓浪屿》，陈亚元提供图片，福建人民出版社，2014年10月。

6.《厦门老照片》，洪卜仁主编，陈亚元、洪明章副主编，厦门大学出版社，2014年10月。

7.《民国厦门老票据解读》，陈亚元提供图片，厦门大学出版社，2019年11月。

8.《福建永丰官银钱局述略》，刘敬扬、陈亚元撰写，《中国钱币》2015年第4期。

（四）媒体报道

1.1990年4月26日《厦门采风》刊发《古钱币收藏家陈亚元》。

2.1990年5月10日《厦门日报》刊发《"泉"中有趣 趣如泉——记古钱币收藏爱好者陈亚元》。

3.1993年5月29日《厦门日报》刊发《厦门最有"钱"的人》。

4.2005年9月23日《东南早报》刊发《"大地主"收藏地契200多份》。

5.2010年10月26日《厦门商报》刊发《厦门民国时期就有购

物券》。

6.2014年1月16日《厦门晚报》刊发《200张老地契横跨三世纪 字里行间探秘厦门旧貌》。

7.2015年3月26日《厦门晚报》刊发《康熙六十一年打铁街店铺老地契捐赠思明区档案局》。

8.2015年4月1日《厦门日报》刊发《1912年的南声日报重现当年历史——百年前的厦门很有国际范》。

9.2017年7月7日《厦门晚报》刊发《清代考试"小抄"还原可恶作弊手段》。

10.2017年7月14日《海西晨报》刊发《来看看清朝科举考卷长啥样》。

11.2017年10月13日《厦门日报》刊发《收藏500多封侨批 留存厦门侨乡记忆》。

12.2018年1月21日《厦门晚报》刊发《珍贵影像再现百年前鹭岛风情》。

13.2018年9月12日《厦门晚报》刊发《84年前美国水兵曾自制厦门元素纪念封》。

14.2018年12月17日厦门广电网刊发《我的珍藏——陈亚元:粮票里记录的票证年代》。

15.2019年9月8日《厦门晚报》刊发《90年前厦门中学文凭受国际认可》。

16.2019年10月31日《厦门晚报》刊发《家有万贯,外有戥子》。

17.2019年11月21日《厦门日报》刊发《瞧!150年前厦门长这样》。

18.2020年2月9日《厦门晚报》刊发《鼓浪屿140年前的曲棍球运动影像》。

19.2020年9月18日《海西晨报》刊发《看陈亚元分享"厦门

号"藏品》。

20.2021年1月31日《厦门晚报》刊发《珍贵老照片再现140年前的鼓浪屿　厦门收藏家从海外购回》。

21.2021年1月31日《厦门晚报》刊发《瞧！140年前鼓浪屿的田园风光》。

22.2021年5月25日人民网刊发《厦门市博物馆｜粮票：一个时代的记忆》。

23.2021年9月4日《海峡导报》刊发《厦门收藏家捐赠珍贵档案　再现同安历史记忆》

（五）藏品捐赠

1.1992年12月27日，向中国钱币博物馆捐献郑成功铸永历通宝草书、篆书钱币各一枚。

2.2012年11月13日，向厦门市档案馆捐赠明清时代地契。

3.2015年3月25日，向思明区档案馆捐献一张康熙六十一年（1722年）厦门打铁街一店铺的地契及6张福建省地契，成为该档案局年代最久的馆藏档案。

4.2016年4月21日，向厦门二中捐赠英华书院中英文章程、公用章、银行支票、毕业证书。

5.2017年10月17日，向厦门市图书馆捐赠大中书局发票（民国）。

6.2018年8月20日，向厦门市总工会捐赠厦门工运有关史料。

7.2019年11月15日，向厦门市图书馆捐赠1870年代鼓浪屿全景蛋白照片高清复制件。

8.2020年5月25日，向厦门市华侨博物院捐献华侨银行票据及其他单据一批。

9.2020年11月2日,向泰宁县档案馆捐献泰宁县清代及民国时期田契及粮户执照。

10.2020年12月15日,向厦门市博物馆捐献改革开放后粮、肉、煤炭等票据。

11.2021年3月20日,向福建革命军事馆捐献清代及民国时期福建地契及革命军人立功喜报等实物。

12.2021年4月6日,向厦门大学捐赠厦大食堂票证老照片。

13.2021年7月23日,向厦门经济特区纪念馆捐赠票证时代的产物——粮票。

14.2021年8月11日,向厦门市档案馆捐赠厦门侨批、闽台粮户执照及厦门老照片。

15.2021年8月24日,向思明区档案馆捐赠《闽台粮户执照汇编》电子版一套。

16.2021年9月,向同安区档案馆捐赠43件有关同安的纸质档案、粮票、钱票等。

17.2021年11月10日,向陈嘉庚纪念馆捐赠《同声学刊》一份、华侨汇票一份。

18.2021年11月17日,向同安区档案馆捐赠民国及新中国成立初期同安县档案资料。

19.2021年11月30日,再次向同安区档案馆捐赠民国和新中国成立初期同安县珍贵档案资料。

20.2022年4月13日,向美国哥伦比亚大学东亚图书馆捐赠《闽台粮户执照汇编》全套9本。

21.2023年3月29日,向美国康奈尔大学东亚图书馆捐赠《闽台粮户执照汇编》全套9本。

后记

口述历史中的"故事性"

2021年4月初，我有幸在诗人禾青子的引荐下，参加由陈仲义教授组织的"厦门口述历史丛书"采写工作，采访收藏家陈亚元。之后，受多轮次疫情影响，在基层工作的我，克服没日没夜加班的困难，即便深夜仍拖着疲惫的身体坐在电脑前码字，主要是深受陈亚元精神的感动。

一

命运一开始，派给陈亚元的是一手烂牌：父亲被定为"右派"，自己23岁仍蜗居在5平方米的租处，与初恋被迫分离，没有正式工作，失意到想跳海自杀……但他却像鼓浪屿上随处可见的随风落、见土长的榕树气根一样，坚持不懈，历经37年，像苦行僧一样田头地尾四处跑，一点一滴完成了19个系列数万件藏品的收藏，被誉为"厦门民间收藏第一人"，著作被大洋彼岸知名图书馆珍藏。

"陈亚元是一个非常有代表性的草根人物，有着厦门人百折不挠、善于学习、肯于钻研的精神和鼓浪屿人不骄不躁、耐得住寂寞的气质，更是闽南人爱家顾家、敢拼会赢的精神体现。"厦门市总工会原主席陈垂康这样评价陈亚元。

谁都可能有自己的寒冬，但陈亚元的寒冬特别长，长到几乎看不到希望。他从海边被连根拔起,迁徙到山里,又从山里两手空空回到海边。命运从不问他同不同意。他就像风中的种子一样随风飘浮、无力自主。

还好他懂得自我开解:"只恨枝无叶,莫怪太阳偏。"他把吃苦当吃补,埋头做事、耐心琢磨。"一枝草,一点露,壁边草吃横泼雨",陈亚元立足当下,低下头、沉下身、静下心,靠着自己认真研究、琢磨,向书本学、向周边人学,通过自学,他硬是把仅有"文革"时期高中生水平的自己变成了出色的工会干部、顶呱呱的报社通讯员、小有名气的书法家、名声在外的收藏家。

二

一开始,陈亚元身上没有任何收藏的土壤:无学术背景、无财力资金、无家学渊源,但他却进入了"水深似海"的收藏领域,并且还玩得风生水起,秘诀到底是什么?他的成功到底凭的是什么?是命?是运?

收藏界有很多名人,人们通过他们的生活轨迹可以略窥其成功的原因。比如,成功跻身世界五大收藏家之列的华人收藏家徐展堂,他的藏品数量媲美国家级博物馆。他身拥巨资,早早迈入亿万富翁之列。他除了爱物成痴,最重要的是背后有庞大的财富支撑。又如名列《中国收藏界名人辞典》的陈钧,系中华全国集邮联合会会员,主集邮票邮品。他任职于邮政局,可算是有专业背景。又如末代皇帝溥仪虽没有学过收藏,但是由于从小在宫中耳闻目睹,后来很多人请他鉴宝,这属于有家学渊源。

而陈亚元,关于收藏的"三要素"——专业、资金、家学,他一点都没有,他仅有一穷二白的家底,只能算是温饱有余的工薪阶层,完全没有受过任何收藏专业的培训或熏陶。很多人认为像他这样的人进入收藏界,可能要交很多的"智商税"。"吃眼药"对于收藏界的人来说,可谓是常态。

但实际上,陈亚元"常在河边走",却并没有"常湿鞋",即使曾令他懊恼不已的6张清道光年间延顺空白票帖最后也得以低价脱手,并未令他伤筋动骨。

那么,是歪打正着吗?是幸运之神时时眷顾吗?

事实上,经过多轮次的采访,我觉得陈亚元的成功有其必然性和偶然性,不是命,更不是运,更多的应该是性格使然。

首先是他经过上山下乡炼成的不动声色的沉稳个性。经过近10年山区生活的打磨历练,陈亚元外热内冷,像一座沉稳的大山。他不易激动、不喜形于色,善于琢磨,不打无准备之仗、不轻易表态。他是非常理性的购买者,从不冲动消费。这是他成功的最大秘诀。

而且,他善用工具。为买古钱币,他购入《中国钱币》杂志、《历代古钱图说》、《收藏者通讯录》等。

另外,他广结善缘。他与各界保持良好的关系,上至学者记者,下至贩夫走卒,当然也包括天南海北的收藏界的名人,他还善于借力、乐于分享。这样,在他身边形成了良好的信息网,使他能够眼观六路、耳听八方。

此外,他还乐于走四方,他八闽"走透透",特别是厦漳泉的各个古玩市场,处处都留下他的身影。他把业余时间几乎都泡在收藏中。

最重要的是,他有足够的耐心。玩收藏,除了要有眼光,更要有耐心。内秀的陈亚元,胸中有城府,能够不动声色地等待,受得住煎熬,对人性也有足够的了解。这样多重因素下,就很难不成功了。

当然,陈亚元在收藏路上也得到不少贵人指引,比如,引导陈亚元办展出书的陈杰民,启迪陈亚元开启照片、明信片收藏之路的洪凯杰，为陈亚元开启出书之门的洪卜仁，当然还有全国五湖四海的藏友，如新疆的苗永海，北京的徐枫、赵隆业，广东的王贵忱，上海的马定祥、余榴梁，台湾的张明泉、陈鸿彬、陈鸿禧、纪敏三、蔡进益，厦门的紫日等等。

当然，收藏有时还是靠一定的运气的。陈亚元收藏的个别珍品是极难遇到的，如遇到华侨银行这种整批量藏品就是机会罕见的。

陈亚元迈入收藏界不是误打误撞，他的成功绝不是毫无缘由的。关键是，他肯立足当下、认真琢磨、坚忍而有耐性，几十年如一日滚雪球似地积累，最终才筑成他的"收藏帝国"。成功的关键，是他的执着，从对书法的喜爱到购买书法书，到研究古钱币，到收藏厦门特色物品……在他的认真琢磨、愚公移山式的积累之下，一切变得水到渠成、顺理成章。他乐于分享的特质也成为他站上更高平台的助推器。善于分享、乐于捐献、不断传播，有效地凝聚更多泉友，有效打破收藏中的"私藏"篱笆，让更多藏品呈现于世、服务于民，也是促成陈亚元声名远播、广种善缘、成就事业的法宝。

三

草根逆袭，布衣华堂。陈亚元真的是一个很有故事的人，他身世坎坷，经历丰富，人生跌宕起伏，爱情故事催人泪下。这是一个"爱拼才会赢"的故事；一个自学成才的故事；一个懂得选择和放弃的故事；一个爱国爱乡的故事；一个深挖洞、广积粮，持之以恒的故事；一个跨界故事；一个善分享的乐捐故事；一个有血有泪的爱情故事；一个有大格局的故事……

陈亚元的故事很多，生动有趣的细节比比皆是。繁多的事件和情节曾像蜘蛛丝似地紧紧捆住了我。如何处理人物与故事之间的关系？如何有效地体现亮点、突出转折点？如何把"水深似海"的收藏写得浅显易懂，让读者实现"悦"读？我与陈亚元经过多次沟通，达成了共识——"书写出来就是要给读者看的，要写出读者爱看、看后有收获的书才是好书。"这个共识使陈亚元放开胸怀，他开心地回忆起最感动、最难忘的瞬间，讲起初恋故事、收藏故事，在津津有味的回忆中，一个个鲜活有趣的故事便跃然纸上。

故事的情节最终要服务于人物、展现人物特质。所以，在故事的筛选方面，我也提前设立了框架，以免分散精力、冲散主题。比如，在开展口述历史的采写中，先通过前期的多方了解，提前拟好采访提纲，并反复进行打磨。凡事预则立，有了前期的大量准备，我们才能把最精彩的故事打捞出来，让它们服务主题、服务人物。通过有血有肉的故事和细节，让人物立体、使往昔重现，使读者"悦"读。

很庆幸，我和陈亚元互相配合，几经磨合，费尽周折，终于达成了最初的目的。陈亚元收到书稿很开心，因为通过有效再现，许多有温度的故事、感人的瞬间能够得以复活。

很庆幸有机会能把陈亚元的传奇故事告诉大家。愿陈亚元专业专精、持之以恒、不屈不挠、心中有大爱的精神能广为流传；愿他的收藏之路越走越稳、越走越宽；愿所有藏品皆受珍视。

感谢大家的耐心阅读，希望能有些许收获。

叶志珍

2022年6月